集群创新网络的演化路径与机制研究

以中国电子信息产业为例

The Evolutionary Path and Mechanism of Cluster Innovation Networks:
A Case Study of Electronic Information Industry in China

周 灿 著

中国财富出版社有限公司

图书在版编目（CIP）数据

集群创新网络的演化路径与机制研究：以中国电子信息产业为例 / 周灿著 . — 北京：中国财富出版社有限公司，2023.12

ISBN 978-7-5047-7832-1

Ⅰ . ①集⋯　Ⅱ . ①周⋯　Ⅲ . ①电子信息产业—产业发展—研究—中国　Ⅳ . ① F426.67

中国版本图书馆 CIP 数据核字（2022）第 242069 号

策划编辑 张　婷	**责任编辑** 张红燕　张　婷		**版权编辑** 李　洋
责任印制 梁　凡	**责任校对** 孙丽丽		**责任发行** 董　倩

出版发行 中国财富出版社有限公司

社　　址 北京市丰台区南四环西路 188 号 5 区 20 楼	**邮政编码**	100070
电　　话 010-52227588 转 2098（发行部）	010-52227588 转 321（总编室）	
010-52227566（24 小时读者服务）	010-52227588 转 305（质检部）	
网　　址 http://www.cfpress.com.cn	**排　　版** 宝蕾元	
经　　销 新华书店	**印　　刷** 北京九州迅驰传媒文化有限公司	
书　　号 ISBN 978-7-5047-7832-1 / F·3505		
开　　本 710mm×1000mm　1/16	**版　　次** 2023 年 12 月第 1 版	
印　　张 14.25	**印　　次** 2023 年 12 月第 1 次印刷	
字　　数 218 千字	**定　　价** 68.00 元	

前　言

世界百年未有之大变局对我国创新发展提出了新要求。中兴、华为等企业被打压事件显示出我国仍然面临严峻的关键核心技术"卡脖子"问题，攸关企业生死存亡，掣肘数字化赋能中国高质量发展。实际上，自20世纪90年代以来，以网络合作的方式进行创新已经成为全球企业组织发展的通用模式，创新网络也迅速成为经济地理学研究的热点之一。中国电子信息产业在遭遇贸易保护冲击以及畅通国内国际双循环的情境下，面临如何平衡本地化、近邻区域化和全球化多尺度知识流动，如何选择产业技术创新路径的关键问题。产业集群作为全球—地方张力作用下寻求区域产业发展的核心战略，关系经济地理学者主张从本地和跨界多尺度互动的网络视角来审视集群及集群间联系。同时，受演化经济地理学启发，应基于动态演化视角解析集群创新网络结构及形成机制。

关于知识联系和创新网络的地理空间问题，经济地理学者进行了深入的探讨。以产业集群和区域创新系统为理论核心的新区域主义学派，关注地方根植性和基于本地网络的区域知识溢出；以全球生产网络和全球价值链为理论核心的全球创新网络学派，重视跨国公司网络权利和基于跨界网络的全球知识获取；关系经济地理学派提出"本地蜂鸣—全球管道"理论模型，强调"地方—全球"不同空间尺度知识网络耦合，指出区域创新呈现全球集群网络模式。全球集群网络体现了产业集群研究由"地方观"向"网络观"、由"单集群"向"多集群"的转变，是"超越集群""本地蜂鸣—全球管道"研究的深化，为解析网络社会时代创新空间格局奠定了理论基础。然而，由于企业发展路径、产业知识基础以及区域创新情境等异质性，基于发达国家和跨国公司提出的全球集群网络理论在中国的适用性有待验证。

本书遵循演化经济地理学"格局—路径—机制"的研究范式，以中国电子信息产业为例，在科学识别产业集群的基础上，依据集群技术创新、集群形成机制、区域创新情境等层面的差异，划分产业集群类型，试图回答以下核心问题：中国电子信息产业创新是否呈现集群网络？不同类型、不同生命周期阶段集群创新网络格局有何差异？集群创新网络位置、创新网络结构呈现何种演化路径？何种维度的邻近性是集群创新网络演化的核心驱动力？以期为不同类型、不同生命周期阶段集群创新网络构建与优化升级提供有益参考。本书内容包含研究背景、文献综述与理论分析、中国电子信息产业集群创新网络演化经验分析三个部分，共七个章节。

第一部分为研究背景，即本书第一章。主要从创新网络化、集群网络观、演化转向以及现实需求等层面阐述本书的选题背景与研究意义，提出研究问题，并对核心概念进行界定。

第二部分为文献综述与理论分析，即本书第二、三章。第二章是产业集群与创新网络演化研究综述。运用知识图谱分析，在客观审视研究热点、知识基础、研究内容的前提下，明晰学术争议和前沿领域，提出经济地理学领域产业集群、创新网络演化研究应关注的核心科学问题，从而为本书寻求突破口。第三章是集群创新网络演化的理论基础。新区域主义、全球生产网络、关系经济地理三大学派有关创新网络空间尺度的讨论，集群生命周期以及多维邻近性视角下的创新网络动态演化等为本书研究奠定了理论基石，在此基础上，结合中国电子信息产业特性和实地调研资料，提出研究假设。

　　第三部分为中国电子信息产业集群创新网络演化经验分析，包括第四、五、六、七章。第四章是中国电子信息产业演化特征与集群类型。首先，对中国电子信息产业发展历程、产业特征、产业空间格局演化、产业技术创新演化等进行分析；其次，综合运用区位熵和社会网络分析法对中国电子信息产业集群进行识别；最后，基于技术创新视角划分集群类型、判断集群所处生命周期。第五章是中国电子信息产业集群创新网络的格局演化。首先，对中国电子信息产业创新的集群网络假说进行验证；在此基础上，运用社会网络分析法，从创新网络主体、创新合作关系、创新空间组织、创新网络结构四个维度对不同类型、不同生命周期阶段的集群创新网络动态性进行比较分析。第六章是中国电子信息产业集群创新网络的演化路径。通过构建"核心—边缘"块模型，分析集群创新网络位置以及网络位置演化轨迹；运用二次指派程序（QAP）分析法和Infomap社区发现算法，探讨集群创新网络不同演化阶段多维邻近性重要程度的动态变化及其驱动下的集群创新网络空间组织规律的动态性。第七章是中国电子信息产业集群创新网络的演化机制。运用随机面向对象（SAO）模型，综合分析邻近性、网络内生性、个体异质性等因素对集群创新网络演化的影响，并结合调研访谈案例，解析集群创新网络演化机制。

　　本书是国家自然科学基金青年项目"全球—地方视角下集群创新网络演化机制与效应研究——以长三角电子信息产业为例"（项目编号：41901157）、国家自然科学基金重点项目"长三角战略性新兴产业创新网络地域空间结构研究"（项目编号：42130510）的成果。在本书撰写与出版过程中，我的导师华东师范大学城市发展研究院院长、中国现代城市研究中心主任曾刚教授给予了大力支持和帮助。在曾刚教授的支持下，我有幸前往上海市张江高科技园区驻地调研实习，为本书撰写收集了大量一手资料，在此表示衷心感谢。同时，特别感谢刚丝团同门曹贤忠、宓泽锋、尚勇敏、辛晓睿、朱贻文、邹琳、马双、叶琴、王秋玉、叶雷、陈斐然、陈思雨等的宝贵建议与鼎力相助。

多集群视角下的创新网络既是一个前沿的科学问题，又是一个涉及不同类型、不同生命周期阶段集群间耦合的复杂创新生态系统，由于我的学术水平和能力以及关系型数据可得性等方面的限制，本书尚有诸多不完善之处，希望以此抛砖引玉，为更多学者开展集群间创新网络研究提供思考。对于本书中的疏漏之处，恳请读者批评指正。

周　灿

2022年8月于浙江工商大学

目 录
CONTENTS

001 | **第一章**
研究背景

第一节　现实背景　　　　　　　　　　　　　　003

第二节　理论背景　　　　　　　　　　　　　　006

第三节　研究问题的提出　　　　　　　　　　　008

第四节　核心概念梳理　　　　　　　　　　　　010

017 | **第二章**
产业集群与创新网络演化研究综述

第一节　产业集群研究综述　　　　　　　　　　019

第二节　创新网络演化研究综述　　　　　　　　033

第三节　本章小结　　　　　　　　　　　　　　048

051 | **第三章**
集群创新网络演化的理论基础

第一节　创新网络空间模式　　　　　　　　　　053

第二节　集群创新网络动态性　　　　　　　　　060

第三节　集群创新网络演化多维邻近性机理　　　066

第四节　本章小结　　　　　　　　　　　　　　072

073 | **第四章**
中国电子信息产业演化特征与集群类型

第一节　中国电子信息产业发展与技术创新的演化特征　　075
第二节　中国电子信息产业集群识别及类型划分　　097
第三节　本章小结　　111

113 | **第五章**
中国电子信息产业集群创新网络的格局演化

第一节　数据处理与研究方法　　115
第二节　集群创新网络假说验证　　120
第三节　集群创新网络格局动态性　　125
第四节　本章小结　　143

147 | **第六章**
中国电子信息产业集群创新网络的演化路径

第一节　集群创新结网模式演化路径　　149
第二节　集群创新网络位置演化路径　　151
第三节　集群创新网络结构演化路径　　156
第四节　本章小结　　165

167 | **第七章**
中国电子信息产业集群创新网络的演化机制

第一节　集群创新网络演化动因　　169
第二节　集群创新网络演化机制　　181
第三节　本章小结　　187

参考文献　　189
附录：IPC 分类号与技术领域对照表　　213

第一章
研究背景

创新作为区域发展的关键因素受到学界和政界广泛关注。伴随地方化的创新过程逐渐融入全球联系网络、中美科技战及新冠疫情暴发等，全球创新版图正在重构。世界百年未有之大变局对中国区域创新发展提出了构建本地化、近邻区域化和全球化多尺度创新网络的新要求。以本地化网络为本质的产业集群是中国经济发展的重要组织模式，在强化国家内循环和推进区域一体化的新情境下，揭示产业集群创新网络演化的规律，畅通产业集群本地与外部的创新联系，对于培育世界级创新集群和驱动高质量发展具有重要意义。

第一节　现实背景

一、新发展格局下强化中国产业集群技术创新迫在眉睫

新一轮科技革命和产业变革正在加速全球创新版图重构和全球经济结构重塑，与此同时贸易摩擦和技术封锁以及新冠疫情等新形势冲击国际产业链、供应链和创新链的稳定性。中国原有依靠国外资本、技术、市场的发展模式面临巨大挑战，难以为继，必须重视科技对产业集群发展的作用分析（曾刚、胡森林，2021）。党的十九届五中全会提出，坚持创新在我国现代化建设全局中的核心地位，加快构建以国内大循环为主体、国内国际双循环相互促进的新发展格局。在此情境下，中国各地政府面临如何重构产业技术体系，在关键技术领域形成核心竞争力，实现创新驱动高质量发展的迫切问题。俞国军等（2020）以产业集群为切入点，认为内部技术创新是"区域韧性"（regional resilience）的重要来源。王缉慈等（2019）指出，扎根地方社会经济土壤的创新集群通过产业集聚、知识外溢和集体行动等形成有利于企业自主创新的地方环境，是新型的区域创新治理模式。2020年4月，科技部火炬中心发布《关于深入推进创新型产业集群高质量发展的意见》指出，未来一个时期，在新一代信息技术等战略性新兴产业中，重点建设100个国家创新型产业集群。可见，发展创新型产业集群，促进集群创新网络优化升级成为中国应对技术封锁和疫情冲击、降低创新成本、实现外部效应和学习创新效应的关键所在。

然而，全球价值链低端锁定是长期以来中国产业集群的普遍困境（陈金丹，2019），在当前中国电子信息产业遭遇贸易保护冲击、新旧动能转换以及"双循环"背景下，迫切需要探索中国电子信息产业集群技术创新的实现路径，强化集群技术创新能力。

二、数字经济时代中国电子信息技术亟待突破

伴随互联网、大数据、人工智能等新一代数字技术的发展，数字经济逐渐成为区域高质量发展的动力源，塑造区域竞争新优势的重要争夺点（刘航等，2019）。中国高度重视数字化发展，2017年"数字经济"首次出现在政府工作报告中，2021年国家发布的"十四五"规划中提出"加快数字化发展，建设数字中国"。数字经济增长的核心驱动力是信息技术和数据要素的融合创新，中国发展数字经济具有海量数据和丰富应用场景的优势，但面临关键核心技术亟待突破的问题。如何加速实现中国电子信息关键核心技术自主可控对于数字化赋能中国高质量发展至关重要。

实际上，电子信息产业是国家重点发展的高技术和战略性新兴产业，中国电子信息产业在全球占据重要地位。1985—2019年中国电子信息产业主营业务收入与出口情况（图1-1）显示，电子信息产业规模持续增加，2019年主营业务收入超过20万亿元，约占工业企业的19.54%；自2003年以来，电子信息产品出口占总出口的比重则始终处于30%以上的较高水平。OECD（经济合作与发展组织）报告指出，2004年中国超越美国，成为全球最大的电子信息产品出口国。此外，从国际消费类电子产品展览会（CES2018）来看，中国企业是最重要的参与者，在4229家全球参展商中，中国企业（不包括以美国分公司名义参展的中国企业）有1551家，占比高达33%，其中深圳企业有482家。

然而，中国电子信息产业技术创新能力亟待提高。世界经济论坛（World Economic Forum，WEF）发布的《全球信息技术报告2016》显示，中国每百万人拥有的信息和通信技术（ICT）产业PCT专利申请数仅为9.5项，位列

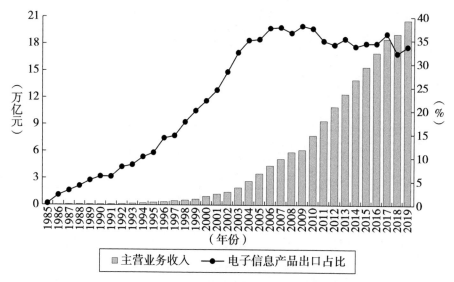

图1-1　1985—2019年中国电子信息产业主营业务收入与出口情况

资料来源：《中国电子信息产业统计(1949—2009)》《中国电子信息产业统计年鉴2010—2019》。

全球第26位，同瑞典（153.1项）、芬兰（149项）、日本（137.5项）、以色列（117.5项）、韩国（107.8项）、瑞士（74.6项）、美国（69.8项）等电子信息产业强国相比尚存在较大差距（表1-1）。2014年6月28日，在中国电子信息行业联合会成立大会上，工信部部长苗圩指出，"中国电子信息产业仍面临关键核心技术受制于人，代工制造和加工贸易占比较高等问题，严重制约了中国电子信息产业由大变强"。2016年8月25日，在"集成电路产业创新（镇江）高端对话会"上，中科院微电子所所长、02专项专家组组长叶甜春表示，"中国电子信息产业链布局已基本完善，原始创新和集成创新成为攻坚重点"。面对2018年以来陆续发生的中兴、华为、中芯国际等技术封锁和企业打压事件，如何在关键技术领域形成核心竞争力成为中国电子信息产业创新的焦点问题。鉴于创新绝非企业单打独斗行为，因而有必要挖掘中国电子信息产业合作创新网络形成与演化规律，从而为电子信息企业构建和融入创新网络提供有益参考。

表1-1　　　　　　每百万人拥有的ICT产业PCT专利申请数　　　　单位：项

排名	国家	专利数	排名	国家	专利数	排名	国家	专利数
1	瑞典	153.1	11	丹麦	42.1	21	卡塔尔	17.1
2	芬兰	149.0	12	加拿大	38.2	22	冰岛	16.7
3	日本	137.5	13	奥地利	37.3	23	新西兰	16.1
4	以色列	117.5	14	挪威	36.8	24	斯洛文尼亚	13.0
5	韩国	107.8	15	爱尔兰	34.1	25	爱沙尼亚	9.8
6	瑞士	74.6	16	法国	33.5	26	中国	9.5
7	美国	69.8	17	英国	31.1	27	意大利	9.4
8	荷兰	59.1	18	卢森堡	29.6	28	西班牙	9.4
9	新加坡	55.8	19	比利时	28.3	29	匈牙利	8.2
10	德国	52.3	20	澳大利亚	24.0	30	马耳他	6.2

资料来源：《The Global Information Technology Report 2016》。

第二节　理论背景

一、创新呈现网络化模式

创新驱动的高质量发展是中国经济新常态下的工作重点。党的十九大报告明确指出，创新是引领发展的第一动力，是建设现代化经济体系的战略支撑。创新的空间格局受到经济地理学者重点关注。20世纪90年代以来，伴随知识经济发展和创新全球化深化，"地方空间"（space of places）向"流动空间"（space of flows）的转变（Castells，1996），区域创新在多尺度的空间格局、组织方式、核心功能等发生了重构，网络化的创新格局逐渐替代等级化的创新格局。开放式创新（open innovation）日益被倡导（陈劲、陈钰芬，2006；Teirlinck & Spithoven，2008），不同空间尺度的创新联系成为经济地理学研究探讨的重要议题（Bathelt et al.，2004；司月芳等，2016；周灿等，2017；张凯煌等，2021）。其中，创新网络作为多空间尺度创新要素流动共享、创新主体协同合作、创新成果转化利用的重要载体和有效途径备受瞩目（Bergman，2009；Huggins & Thompson，2014；鲁若愚等，2021）。新区域主义和全球生产网络两大创新研究学派均强调网络在知识流动和创新合作中所起的关键作用（Coe et al.，2008；Cooke et al.，2011）；"新区域主义2.0"更是着重突出了"流动空间"中的网络关系（Harrison & Hoyler，2015）；Huggins（2010）则将网络视为和物质资本、人力资本和R&D资本同等关键的资本要素，提出了"网络资本"（network capital）概念，通过对英国创新网络的实证分析指出，网络资本是衡量区域创新能力的重要指标，网络资本影响区域创新模式（Huggins & Prokop，2017）。总体上，传统中心地理论的规模等级视角已难以对网络化范式下的区域创新作出合理解释，亟待基于网络视角重新审视区域创新的格局、路径与机制等问题。

二、产业集群研究由"地方观"向"网络观"转变

产业集群在全球技术创新、产业升级和经济竞争中的卓越表现，使其受到世界各国政府以及联合国工业发展组织（UNIDO）、经济合作与发展组织（OECD）、世界银行（WB）等国际机构的广泛推崇。传统产业集群研究重视地方根植性、制度厚度以及本地化创新网络（Cooke & Morgan，1999；Lawson & Lorenz，1999）。然而，地方视角下的集群发展会陷入路径锁定，全球化下的本地化才是理解集群的出发点（王缉慈，2002）。由此，基于网络视角的"超越集群"（beyond the cluster）概念（Malmberg，2003）和"本地蜂鸣—全球管道"（local buzz-global pipelines）模型（Bathelt et al.，2004）等应运而生，其强调了集群内部与外部多空间尺度联系的重要性。Lu等（2016）进一步指出，集群并非孤立存在的，而是与其他集群有着系统的联系，应着眼于"多集群"来探讨集群间网络。从空间尺度来看，现有多集群网络研究主要涉及全球集群网络（global cluster networks）、共位集群网络（co-located cluster networks）两个层面（Bathelt & Li，2014；Bathelt & Zhao，2016）。可见，集群研究呈现由"地方观"向"网络观"转变，本地结网和跨界结网的多尺度耦

合成为讨论的热点（滕堂伟，2015；罗胤晨等，2016；陈金丹，2019）。鉴于不同集群的形成机制、生命周期阶段、创新能级、创新环境、创新模式等具有异质性，集群间的创新网络是一个复杂的生态系统，开展相关研究对于丰富和完善产业集群理论具有重要价值。

三、经济地理学的"演化转向"

传统经济地理学研究侧重经济景观的空间分析，缺乏对历史在经济景观中重要性的探讨。直至20世纪90年代，经济地理学者在吸收"有限理性、非均衡、新奇、不可逆、多样性"等演化经济学思想的基础上，并融合新产业区理论、产业集群理论、创新系统理论、关系经济地理学等成果，将时间和空间要素结合起来，开创了经济地理学的"演化转向"，为经济地理学带来了认识论、方法论、本体论的变化（Boschma & Frenken.，2006；Martin & Sunley，2006；刘志高、尹贻梅，2006；苗长虹，2007）。演化经济地理学研究涉及企业、产业、产业集群、创新、网络、制度等多方面，关注创新、新企业、新产业、新网络对区域经济系统演化的影响，重视产业集群和创新网络的动态性、历史传承性、协同性分析，主张以动态演化视角理解新产业的空间锁定、地理邻近和集体学习、技术和区域发展路径等问题，成为当前经济地理学领域最具前景的研究范式之一（Boschma & Martin，2010）。演化经济地理学的新奇、惯例、路径依赖与共同演化等思想，为集群和创新网络研究提供了新的视角（马海涛，2012）。为解析不同生命周期阶段集群创新网络的动态性与规律性，有必要引入演化经济地理学研究范式和分析思维。

第三节　研究问题的提出

通过归纳经济地理学领域有关产业集群、创新网络演化等核心议题的研究前沿，本书确定"多集群多尺度创新网络动态性分析"这一选题（图1-2）。首先，从研究对象来看，集群作为全球—地方张力作用下区域经济发展的重要引擎，备受经济地理学者关注。纵观波特（Porter）的钻石模型、克鲁格曼（Krugman）的核心—外围模型、Asheim的学习型区域、Gertler的隐性知识，研究对象均为单集群（Lu et al.，2016）。新近研究则发现，集群基于价值链、FDI、人才环流等同多空间尺度的集群建立联系，形成集群间网络，研究对象扩展至多集群。其次，经济地理学研究的"关系转向"掀起了创新网络研究热潮，从创新网络的空间尺度来看，呈现由单一尺度到多尺度耦合的动态趋势。新区域主义学派重视地理邻近的地方化创新网络的优势，全球生产网络学派强调全球网络对于远距离新知识获取的重要性，关系经济地理学者意识到单一尺度创新网络的局限性，提出了"本地蜂鸣—全球管道"模型和全球集群网络假说。鉴于知识流动在地理空间上的高度选择性和非均衡性，需要从多尺度层面来解读集群创新网络空间组织模式。最后，受演化经济地理学研究启发，应立足于动态演化视角来科学探究集群创新网络结构及其形成机制。

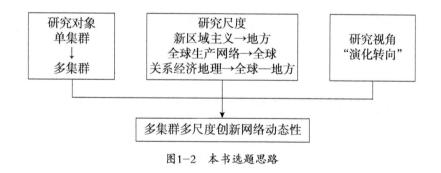

图1-2 本书选题思路

　　中国电子信息产业技术密集、合作创新活跃、空间集聚、全球化程度高、外资集中等特征，使其成为探讨集群不同空间尺度创新合作动态演化的典型产业。回顾已有研究，主要涉及中国电子信息产业转移与驱动因素、产业集群与技术创新、生产网络和贸易网络、创新网络演化与创新绩效、区域创新网络演化等问题（Wang et al.，2010；武前波、宁越敏，2012；高菠阳等，

2015；高菠阳、李俊玮，2017；周灿等，2017；胡绪华、徐骏杰，2017；王翔宇等，2021），尚缺乏对不同类型、不同生命周期阶段集群创新网络动态性的探讨。鉴于此，本书在集群识别、集群类型划分、集群生命周期判断的基础上，尝试回答如下核心问题：中国电子信息产业创新是否呈现集群网络模式？不同类型、不同生命周期阶段集群创新网络格局有何差异？集群创新网络位置、创新网络结构呈现何种演化路径？邻近性、网络内生性、个体异质性如何驱动集群创新网络动态演化？以期推进基于发展中国家现实的多集群网络演化研究，为集群企业与何种区位和尺度的创新主体结网提供参考。

第四节　核心概念梳理

一、产业集群

经济要素的空间分布规律是经济地理学研究长期关注的核心议题，产业集聚现象的普遍性已被广泛证实。美国哈佛商学院波特教授于1990年在《国家竞争优势》一书中正式提出"产业集群"（industrial cluster）概念，即一组在地理上邻近且相互联系的企业和机构，它们同处或相关于一个特定的产业领域，由于共性和互补性而联系在一起（Porter，1990）。理想的产业集群概念具有邻近、联系、互动三方面特征：一是行为主体在地理空间上邻近，地理邻近能够促进互动学习、创新合作、知识溢出，当然地理邻近并非充分必要条件，亦受其他维度邻近性的影响；二是产业间联系，包含上下游的投入产出联系以及非贸易的相互依赖；三是行为主体间互动，包含企业间互动、产学研互动等，其中，行业协会、创新联盟等组织以及政府机构在互动中发挥重要作用（王缉慈等，2010）。滕堂伟（2009）则进一步强调了产业集群的空间集聚性、网络性、根植性、开放性等特征。

全球知识经济时代，集群内企业的竞争优势不应局限于本地化劳动力市场和知识溢出，还应考虑如何嵌入全球其他区域的"缄默知识池"，促使集群研究在空间维度上得以突破。经济地理学界率先提出了以国际贸易博览会、国际商务会议等为主要形式的"临时性集群"（temporary cluster）概念。临时性集群营造了"全球蜂鸣"（global buzz）现象，促进了相互学习、知识创新以及全球生产网络和全球创新网络的形成（Bathelt et al.，2004；Maskell et al.，2006）。

本书研究暂不涉及临时性产业集群，在借鉴已有概念和内涵界定的基础上，将电子信息产业集群定义为电子信息产业相关的企业和机构在特定地理空间上集聚，通过相互学习、知识流动、技术合作所形成的创新集群。具体而言，集群行为主体包括电子信息产业链环节的生产商和生产者服务商以及知识机构、政府机构、中介服务机构等；集群联系则侧重行为主体在电子信息产业技术创新活动中的互动（图1-3）。

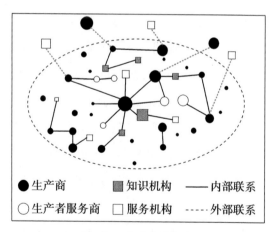

图1-3 产业集群概念

二、集群创新网络

继技术推动模式、需求拉动模式、交互模式、综合模式之后，网络模式成为第五代创新模式（Rothwell，1992）。正如美国科技政策领域学者Rycroft和Kash（1999）所言，21世纪创新成功的关键是建立并维持有效的网络。创新网络概念最早由 Freeman（1991）在《Research Policy》中提出，指一种具有非正式和隐含性关系特征的基本制度安排，网络构架形成的主要机制是企业间的创新合作关系。Cooke（1996）进一步将创新网络关系界定为互惠、互信、学习、伙伴和分权。此后，学者从企业、区域、开放度以及空间尺度等层面，形成了对创新网络的不同理解。企业层面，沈必扬和池仁勇（2005）认为创新网络是企业与各行为主体（大学、科研院所、地方政府、中介机构、金融机构等）在交互作用中建立的相对稳定、能够激发或促进创新、具有本地根植性、正式或非正式的关系总和；区域层面，童昕和王缉慈（2000）认为创新网络是地方行为主体（企业、科研机构、地方政府组织、个人）在长期正式和非正式的交流与合作关系基础上形成的相对稳定的系统；开放度层面，Chesbrough（2003）最早提出了开放式创新概念，强调企业在创新过程中与外部合作伙伴的知识交互，拓展了创新网络的边界；空间尺度层面，经济地理学界形成了三大创新网络研究学派，其中，新区域主义学派重视区域创新系统中基于本地网络的知识溢出效应，全球创新网络学派重视跨界网络对于全球知识获取的重要性，关系经济地理学派则强调"地方—全球"不同空间尺度知识网络的耦合（周灿等，2017）。依据空间尺度，现有研究将集群创新网络主要划分为以下类型（图1-4）：单集群视角的集群网络关注集群本地与外部联系，涉及集群本地网络与集群外部网络；多集群视角的集群创新网络关注集群之间的联系，包含全球集群网络和共位集群网络，其中全球集群网络强调不同国家的集群间互动，共位集群网络强调同一区域或不同区域的集群间互动。

本书集群创新网络是指集群内行为主体基于技术创新活动（专利申请）而形成的区域内和跨区域合作关系。依据产业集群的空间边界，将中国大陆境内划分为集群和非集群区域；依据创新合作的空间尺度，将创新网络划分为本地网络和外部网络；进而结合创新网络主体所处的空间位置，将本地网络细分为集群本地网络、非集群本地网络，将外部网络细分为集群间网络、集群非集群网络、非集群间网络。由此，本书所研究的集群创新网络涉及集

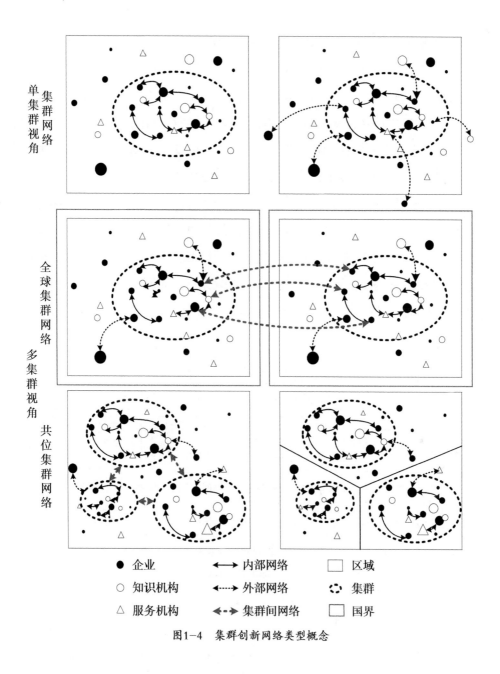

图1-4　集群创新网络类型概念

群本地网络、集群间网络、集群非集群网络。

　　通过总结产业集群、区域创新系统、关系经济地理等研究对创新网络的
探讨，本书认为集群创新网络基本要素包括创新网络主体、创新合作关系、

创新网络尺度和创新网络结构四个层面（图1-5）。由此，形成"主体—关系—尺度—结构"四维度的集群创新网络格局系统分析框架。其中，集群创新网络主体涉及知识生产和扩散机构（高校、研究机构、中介组织、行业协会等），知识应用和开发机构（供应商、客户、同行合作者和竞争者等）、创新环境优化机构（政府、孵化器、劳动组织等）；集群创新合作关系涉及通过所有权、战略联盟、技术转让、联合开发、委托开发、共建实体等正式或非正式方式所形成的垂直合作、水平合作、产学研合作等；集群创新网络尺度涉及本地尺度以及集群间、集群非集群间等不同空间尺度以及多空间尺度耦合的创新合作；集群创新网络结构涉及从个体网络（中心性、结构洞）、整体网络（密度、最短路径、聚集系数）、网络复杂性（同配型、异配型）等层面解析网络拓扑结构和空间结构形态与特征。

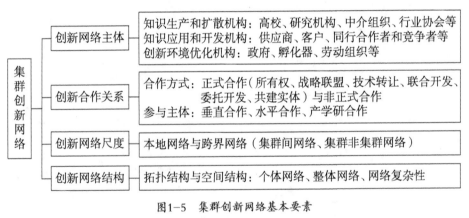

图1-5 集群创新网络基本要素

资料来源：根据Cooke（2002）；Glückler和Doreian（2016）；Turkina等（2016）；王缉慈等（2019）整理。

三、电子信息产业

电子信息产业又称为信息产业、信息技术产业、信息和通信产业，属于高技术产业，指为了实现制作、加工、处理、传播或接收信息等功能或目的，利用电子技术和信息技术所从事的与电子信息产品相关的设备生产、硬件制造、系统集成、软件开发以及应用服务等过程的集合。卢明华和李国平

（2004）认为，电子信息产业涉及制造业和服务业两大领域，包括微电子、光电子、电子元器件、软件、计算机、通信、网络、消费电子、信息服务等行业，根据产业间的上下游关系和功能作用，可将电子信息产业分为基础产业、核心产业、信息应用基础产业、信息应用产业四类（图1-6）。

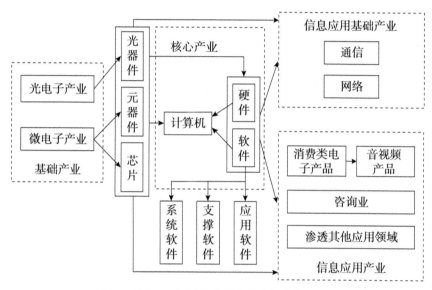

图1-6 电子信息产业的基本构成

资料来源：卢明华和李国平（2004）。

依照最新国民经济行业分类（GB/T 4754—2017），电子信息产业包括计算机、通信和其他电子设备制造业以及信息传输、软件和信息技术服务业。世界贸易组织以及中国工信部、国家统计局、国家知识产权局等组织机构亦对电子信息产业进行了明确的界定（表1-2）。鉴于本书的研究问题以及数据获取的便捷性，产业边界界定主要依据中国国家知识产权局重点产业专利信息服务平台对电子信息产业的划分标准，即包含电子信息材料、电子元件、电子器件、电子计算机与专用设备、广播电视与家用视听、雷达与通信等行业领域。

表1-2　　　　　　　　　　　　电子信息产业边界界定

部门	行业领域
世界贸易组织	计算机、电信、半导体、半导体制造设备、软件、科学仪器
中国工信部	电子信息制造（通信设备、雷达及配套设备、广播电视设备、电子计算机、电子器件、电子元件、家用视听设备、家用视听设备等制造）和软件与信息技术服务
中国国家统计局	《中国统计年鉴》：计算机、通信和其他电子设备制造业 《中国工业统计年鉴》：通信设备、计算机及其他电子设备制造 《中国城市统计年鉴》：信息传输、计算机服务和软件
中国国家知识产权局	电子信息材料、电子元件、电子器件、电子计算机与专用设备、广播电视与家用视听、雷达与通信

第二章
产业集群与创新网络演化
研究综述

　　围绕"集群创新网络演化"这一研究主题，本章基于 Web of Science（WoS）、中国知网（CNKI）等科学引文数据库[①]，收集国内外经济地理学领域有关产业集群和创新网络演化的研究文献，通过文献资料研读以及借助 CiteSpace 软件进行文献计量分析，厘清产业集群和创新网络演化研究的热点领域、知识脉络、学术争议、研究前沿等，从而为本书理论框架的构建、科学问题的提炼、研究假设的提出奠定基础。

[①]　Web of Science 是全球最广泛、最权威、最完整的科学引文索引数据库，收录了万余种国际性、高影响力的学术期刊，共计十亿余篇包含题目、作者、摘要、刊物、引文等重要信息的学术文献；CNKI 是世界上全文信息量规模最大的中国数字图书馆，收录了八千余种学术期刊、一亿余篇学术文献。

第一节　产业集群研究综述

一、产业集群研究的理论脉络

19世纪末，新古典经济学派创始者马歇尔的"产业区"（industrial district）理论被认为是产业集群研究的起源，其强调了产业集聚所产生的专业化效应、劳动力池效应和知识溢出效应等外部经济优势（Marshall，1920）。第二次世界大战后，标准化、大批量的福特制生产方式盛行，削弱了学界对产业区的研究兴趣。直至20世纪70年代末，意大利中部和东北部的"第三意大利"、德国南部的巴登—符腾堡、美国加州的"硅谷"等中小企业集聚的区域发展模式大获成功，激起了学界复兴产业区理论的浪潮。1979年，意大利经济学家Becattini将"第三意大利"中小企业集聚现象称为"新产业区"（new industrial district），揭示了其地理邻近、部门专业化、中小企业主导、企业分工协作、社会文化共同性以及区域根植性等特征（Becattini，1990）。20世纪80年代，"新区域主义"思潮兴起，以Piore和Sabel（1984）为代表的弹性专业化学派，基于新产业区提出"弹性专业化"（flexible specialization）概念，强调制度、技术与组织变革对区域发展的作用；以Scott（1988）和Storper（1997）为代表的加利福尼亚学派，从交易成本、劳动分工和生产垂直分离的视角解释"新产业空间"（new industrial space）的集聚机制，并强调非贸易相互依赖和地方制度文化对产业集聚的影响；以欧洲创新环境研究小组

（GREMI）为代表的技术创新学派，认为区域发展是创新活动和"创新环境"（innovation milieu）的协同作用，强调由制度、规则和惯例等构成的创新环境具有地方化与地域特性（Aydalot & Keeble，1988）。美国哈佛商学院波特教授通过汲取产业区、新产业区以及新区域主义的理论精髓，于1990年在《国家竞争优势》一书中正式提出"产业集群"（industrial cluster）概念（Porter，1990）。此后，产业集群受到世界各国的理论研究者和政策制定者青睐（表2-1）。

表2-1　　　　　　　　　　　产业集群研究的理论脉络

理论		提出时间	代表人物	核心思想
产业区理论		19世纪末	Marshall	强调产业集聚所产生的外部经济
新产业区理论		20世纪70年代末	Becattini	强调中小企业集聚的竞争优势
新区域主义学派	弹性专业化学派	20世纪80年代	Piore和Sabel	强调制度、技术和组织变革对区域发展的影响
	加利福尼亚学派		Scott和Storper	强调非贸易相互依赖和地方制度文化对产业集聚的影响
	技术创新学派		Gremi	强调创新环境具有地方化和地域特性
产业集群理论		1990年	Porter	强调区域竞争优势由高度本地化过程所创造

资料来源：根据王缉慈等（2010）；贺灿飞等（2014）；罗胤晨等（2016）研究成果整理。

二、产业集群研究的知识图谱分析

1. 产业集群研究的文献概况

基于Web of Science（WoS）核心数据库，运用"主题"和"Web of Science分类"相结合的方法，筛选国际经济地理学领域与产业集群研究相关的文献。设置检索表达式如下：主题＝（industrial agglomeration OR industrial district OR

industrial cluster）AND Web of Science类别=（Economics OR Geography OR Area
Studies OR Urban Studies OR Planning Development）AND文献类型=（Article OR
Proceedings Paper OR Review）AND语种=（English）AND时间跨度=（1982 to
2016）。删除消息（news）、会议摘要（meeting abstract）、读者来信（letter）等
记录，共获取1977篇产业集群研究相关的外文文献，总被引频次43783次，施
引文献23351篇。

　　根据图2-1显示，自1990年产业集群概念提出以来，经济地理学领域的
产业集群研究规模不断扩大，年度发文量呈现小幅波动快速上升趋势，2016
年发文155篇，且研究成果的受关注程度和学术影响力大幅提高，尤其是21
世纪以来，被引频次年均增长率高达16.04%。

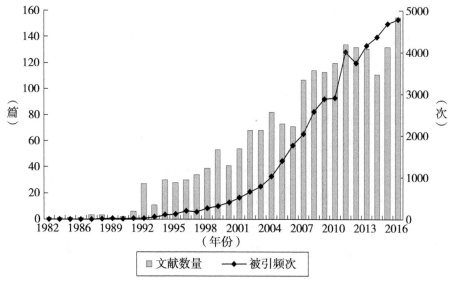

图2-1　1982—2016年经济地理学领域国际产业集群研究文献数量与被引频次
资料来源：Web of Science核心数据库。

2. 产业集群研究热点议题

　　关键词是文献主题的高度概括和凝练，借助CiteSpace V科学计量可视化
软件，基于共词分析（co-word analysis），绘制关键词共现知识图谱，测算高

频关键词，从而识别经济地理学领域产业集群研究的热点议题。参数设置如下：时间跨度为1991—2016年，时间切片为2年，节点类型为关键词，阈值选择前10%关键词，网络裁剪选择寻径网络，其他为默认设置。关键词共现知识图谱（图2-2）和高频关键词（表2-2）分析结果显示，经济地理学领域的产业集群研究热点涉及三个方面。

（1）集群创新和网络（图2-2领域A）。

产业集群作为创新的重要空间载体，是知识生产与知识扩散并存的区域。围绕技术、知识、创新与地理空间之间的关系，经济地理学界从本地网络与全球联系、集体学习与知识溢出等视角，探讨了集群对创新的影响。该研究议题的高频关键词涵盖创新（innovation）、产业区（industrial district）、网络（network）、知识（knowledge）、技术（technology）、溢出（spillover）、贸易（trade）、企业（firm）、产业（industry）、组织（organization）、区位（location）、绩效（performance）、竞争力（competition）、全球化（globalization）等。

（2）集群和区域发展（图2-2领域B）。

区域发展是经济地理学研究长期关注的经典命题。早期研究侧重分析土地、人力、资本等传统生产要素对区域发展的影响；20世纪80年代以来，伴随"新区域主义"思想的诞生和传播，产业集聚、产业集群与区域发展之间的关系受到关注。高频关键词包括集聚（agglomeration）、增长（growth）、经济（economy）、经济发展（economic development）、生产率（productivity）、城市（city）、区域（region）、美国（United States）、经济地理（economic geography）等。

（3）集群形成、演化及机理（图2-2领域C）。

经济地理学者早期较为关注产业集群形成与发展机制、集聚经济与产业区位选择等研究问题；此后，受西方经济地理学"关系转向"和"演化转向"影响，基于多维邻近性以及根植性、路径依赖性、情境性等机制的集群演化路径、影响因素与内在机理等成为新的研究热点。该研究主题的高频关键词涉及集群（cluster）、产业集群（industrial cluster）、政策（policy）、产业区位（industrial location）、集聚经济（agglomeration economy）、演化（evolution）、根植性（embeddedness）、邻近性（proximity）、地理（geography）等。

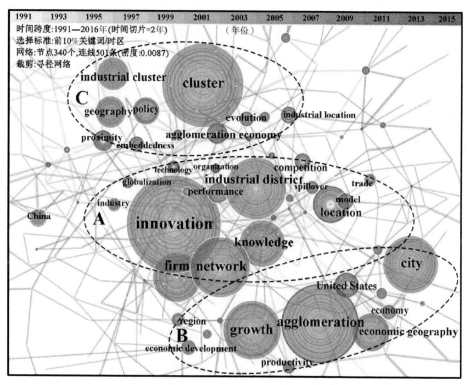

图2-2　1991—2016年经济地理学领域国际产业集群研究关键词共现知识图谱

注：节点越大代表关键词共现频次越高；节点外围颜色越深代表关键词新近受到的关注越多；节点间连线表示关键词之间的共现关系；为简化网络，未显示共现频次较低的节点。

表2-2　1991—2016年经济地理学领域国际产业集群研究高频关键词　　单位：次

主题/关键词	频次	主题/关键词	频次	主题/关键词	频次
innovation	410	industry	117	system	80
cluster	354	agglomeration economy	113	industrial location	78
agglomeration	328	regional development	108	globalization	76
growth	271	spillover	100	increasing return	75

续表

主题/关键词	频次	主题/关键词	频次	主题/关键词	频次
industrial district	265	district	98	FDI	73
network	261	model	97	localization	72
city	255	trade	93	determinant	72
knowledge	219	economy	92	embeddedness	67
firm	218	organization	91	proximity	61
geography	176	economic development	91	knowledge spillover	60
economic geography	176	technology	90	market	60
location	161	China	90	dynamics	59
industrial cluster	148	region	87	geographic concentration	58
United States	132	competition	86	perspective	54
policy	131	evolution	85	competitiveness	52
performance	120	productivity	83	absorptive capacity	52

注：限于篇幅，仅列出频次大于50的关键词。

3. 产业集群研究知识基础

文献的被引频次反映了其受关注程度和学术影响力，通过文献共被引分析（co-citation analysis），辨识高被引文献，有助于追踪经济地理学领域产业集群研究的发展脉络和知识基础。借助 CiteSpace V 软件，设置如下参数：时间跨度为1982—2016年，时间切片为2年，节点类型为共引文献，阈值选择前100篇文献，网络裁剪选择最小树法，其他为默认设置，绘制文献共被引知识图谱时区视图（图2-3），并重点梳理前20篇高被引文献的学术贡献（表2-3），据此从研究内容和研究尺度两个层面探究产业集群研究知识基础。

（1）产业集群的研究内容逐步从关注经济活动的地理集聚，转变为多维邻近、路径依赖视角下的集群创新和集群演化，再深化至探究不同空间尺度网络对集群知识流动和集群创新的影响。

通过对高被引文献的研读与归纳发现，早期研究主要从中小企业协作、交易成本的视角对集群的运行机制进行解释，认为具有投入产出联系的中小企业在空间上邻近，形成地理集聚、分工协作的发展模式，能够使企业在减少交易成本的同时，获得规模经济和范围经济，例如，Porter（1990）提出的产业集群概念，Harrison（1992）在《Regional Studies》发文对产业区的解读等。20世纪90年代，西方经济地理学"演化转向"助推了学者从企业异质性、企业惯例、产业生命周期、网络结构、路径依赖、区域情境、共同演化等视角深化产业集群演化研究（刘志高等，2011），Boshma（2005）发表在《Regional Studies》的研究构建了集群演化的多维邻近性分析框架，Martin 和 Sunley（2006）发表在《Journal of Economic Geography》的研究探讨了路径依赖视角下的集群演化，多维邻近性和路径依赖成为后续产业集群演化研究的重要知识基础。"地方空间"向"流动空间"转变的背景下，产业集群不同空间尺度的知识联系、创新联系成为关注的焦点，从地方集群到集群网络成为国际产业集群研究的前沿（滕堂伟，2015）。

（2）产业集群的研究尺度逐渐从重视根植性和本地知识网络，发展到重视外部知识源和跨集群知识联系，再拓展至强调全球—地方联结。

Maskell 和 Malmberg（1999）发表在《Cambridge Journal of Economics》以及 Storper 和 Venables（2004）发表在《Journal of Economic Geography》的研究成果均强调生产活动的"地方化"，即地理邻近性、本地联系和面对面交流等对区域发展的促进作用，注重区域主体间的互动协作和本地根植性。而 Markusen（1996）发表在《Economic Geography》的研究则重视跨区域边界的根植性，Morrison（2008）发表在《Regional Studies》的研究则强调了知识守门员（knowledge gatekeepers）的重要价值，可见产业集群外部联系受到研究关注，通过人才对流、跨国公司投资、全球网络、战略伙伴关系等途径建立外部联系，有助于获取互补资产、新的市场关系、非冗余知识和信息等，从而避免集群锁定（lock-in）风险。关系经济地理学者意识到本地或非本地单一尺度知识网络分析的局限性，Bathelt 等（2004）在《Progress in Human Geography》提出了"本地蜂鸣—全球管道"理论，将本地视角和跨界视角结合起来。

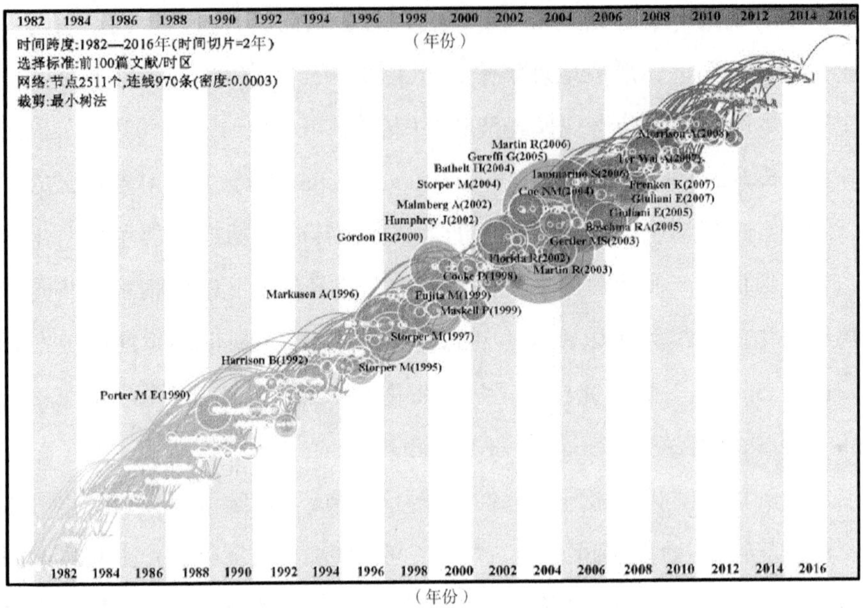

图2-3　1982—2016年经济地理学领域国际产业集群研究文献共被引时区

注：节点越大代表文献被引频次越高；节点外围颜色越深代表文献新近被引用的次数越多；节点间连线表示文献之间的共被引关系；为简化网络，未显示共引频次较低的节点。

表2-3　1982—2016年经济地理学领域国际产业集群研究高被引文献

第一作者	刊物	年份	被引频次（次）	主要贡献
Martin R	《Journal of Economic Geography》	2003	111	对波特的集群理论提出疑问，主张谨慎使用集群概念，尤其是在制定政策时
Bathelt H	《Progress in Human Geography》	2004	106	质疑隐性知识本地化和编码知识非本地化单一尺度流动的观点，构建了知识流动的"本地蜂鸣—全球管道"模型
Frenken K	《Regional Studies》	2007	76	验证了相关多样性和非相关多样性与区域经济增长之间的关系
Boschma R A	《Regional Studies》	2005	64	构建了认知、组织、社会、制度、地理等多维邻近性与创新之间关系的分析框架，并探讨了其内在机制
Markusen A	《Economic Geography》	1996	64	反对"新产业区"，重新审视"光滑空间中的黏性空间"，重视跨区域边界的根植性

续表

第一作者	刊物	年份	被引频次（次）	主要贡献
Maskell P	《Cambridge Journal of Economics》	1999	60	强调集体学习和企业隐性知识对维持产业竞争优势的重要性
Gordon I R	《Urban Studies》	2000	59	产业集群的集聚优势可通过马歇尔式、产业联合体、社会网络等形式实现
Malmberg A	《Environment and Planning A》	2002	55	从知识创造和互动学习的视角解读集群的本质
Martin R	《Journal of Economic Geography》	2006	54	探讨了路径依赖与区域经济演化之间的关系
Gereffi G	《Review of International Political Economy》	2005	48	归纳出层级制、领导型、关系型、模块型、市场五种全球价值链治理模式
Storper M	《European Urban and Regional Studies》	1995	46	倡导对地方重要性的再发现和区域经济的复兴
Giuliani E	《Research Policy》	2005	45	分析了集群企业知识吸收能力对集群内部知识系统和跨集群知识联系的影响
Porter M E	《The Competitive Advantage of Nations》	1990	44	首次提出产业集群概念，并阐述集群的竞争优势
Storper M	《Journal of Economic Geography》	2004	42	强调面对面交流的重要性，归纳了面对面交流的特性，构建了面对面交流促进经济主体协同的分析模型
Harrison B	《Regional Studies》	1992	40	产业区强调公共的非经济组织和基于关系的信任的重要性，超越了集聚经济的含义，并非"新瓶装旧酒"
Iammarino S	《Research Policy》	2006	40	构建了基于交易成本、技术、知识溢出的产业集群结构和演化的分析框架
Giuliani E	《Journal of Economic Geography》	2007	40	集群中的知识扩散具有目的性和高度选择性，并非弥漫的和随机的
Morrison A	《Regional Studies》	2008	40	强调外部知识对产业区创新的影响，识别了产业区中的知识守门员角色，并探究了其互动过程

续表

第一作者	刊物	年份	被引频次（次）	主要贡献
Gertler M S	《Journal of Economic Geography》	2003	39	探讨了隐性知识的生产、运用、共享，强调地方情境、文化、制度等的影响
Boschma R A	《Industry and Innovation》	2007	38	从产业区企业层面探讨了本地和非本地知识网络结构对创新绩效的重要影响

注：重点梳理前20篇高被引文献的学术贡献。

三、产业集群研究争论与动向

1. 本地联系与外部联系重要性的争论

区域经济发展中一个表面看似的"悖论"引起了学界关注。一方面，区域经济联系日益密切，并逐渐融入全球创新网络，体现在贸易、投资、信息、技术、知识等在全球范围内加速流动成为全球经济的新常态，合作出版物、合作专利、R&D合资公司、组织间R&D合作的增加以及国际R&D活动的增强；另一方面，知识生产的地理空间呈现非均衡分布，集中在少数集群区域，形成了全球知识经济的核心。但事实上，本地化、全球化并非对立，区域经济研究逐渐从本地、全球二分性发展到本地—全球二重性，并将此类经济现象描述为"光滑空间中的黏性空间"（sticky places in a slippery space）、"全球网络中的新马歇尔主义节点"（Neo-Marshallian nodes of global networks）、"集群的本地蜂鸣—全球管道"。然而，有关知识流动空间尺度与集群创新关系的判断尚存在争议（Varga et al.，2014），学界主要形成了以下不同的观点。

（1）本地蜂鸣是关键。集群的本质是专业化集聚基础上的地方化结网，集群企业间贸易和非贸易的相互依赖形成了本地蜂鸣，它由众多的信息、灵感和消息组成，集群内企业无须专用性投资即可获得知识溢出（Storper & Venables，2004）。Ibrahim等（2009）对美国电信产业集群的研究指出，相比于非集群区域的发明者，集群区域的发明者更能从本地知识和知识溢出中获益。Kesidou等（2009）研究发现，大量无意识的本地化知识溢出促进了乌拉圭软件产业集群创新。Chaminade和Plechero（2015）基于欧洲、中国、印度等ICT企业区域创新系统和全球创新网络的调查表明，发展内生的区域创新系统才是优化创新模式的关键。

（2）外部联系更重要。外部联系管道为集群提供了新的知识源，也为集群间断性创新奠定了基础，将集群视为封闭或者孤立的系统是有局限的（Owen-Smith & Powell，2004；Wolfe & Gertler，2004）。为维持持续性竞争优势，集群需要跨越区域网络边界，与区域外资源、市场、伙伴建立全球性联系（Malmberg & Maskell，2009）。Chou等（2011）研究指出由地方政府形成的跨国技术社区对于集群创新至关重要。Lorenzen和Mudambi（2013）研究发现，得益于印度本土企业与硅谷企业合作过程中产生的技术溢出，班加罗尔IT产业集群实现了对硅谷的深度追赶，其研究强调了集群外部联系的重要性。

（3）本地互动和全球联系都重要。成功的集群通常具有密集的本地网络，同时也能够融入全球管道（Bathelt et al.，2004）。集群外部性并非无条件"弥漫在空气中的"，知识并不必然溢出到集群内的每一个创新主体，而是由集群企业嵌入的社会网络所驱动。集群内部联系是实现本地蜂鸣的必要条件，集群外部联系则有助于获取非冗余信息、升级知识储备、更新发展惯例，是避免锁定风险的重要途径。由此可见，本地和全球不同空间尺度的网络耦合才是集群发展的关键，只有当集群具有高度本地蜂鸣特征时，全球管道才有助于集群知识积累（Morrison et al.，2013）。

（4）因知识类型和知识基础而异。Asheim和Coenen（2005）和Martin和Moodysson（2011）拓展了本地、全球互动的争论，认为创新联系本地化或全球化的重要程度取决于集群的知识类型。合成型知识基础的产业集群，其知识具有缄默化、隐性化特征，主要来源于工厂、车间、办公室等生产环节获得的经验，通过干中学、用中学、交流中学的方式产生新知识，本地网络对集群创新至关重要，应强化本地学习；分析型知识基础的产业集群，其知识具有编码化、显性化特征，主要来源于实验室、产学研合作等研发环节，通过科学研究、逻辑推演的方式产生新知识，集群创新受空间尺度的局限相对较小，应重视全球网络构建。

2. 集群间创新网络研究前沿

伴随集群研究从内部转向外部,在集群与外部环境、全球价值链、全球生产网络、全球创新网络等领域形成了丰富的研究成果,但这些研究多数仍是在"单集群"视角下的考察,近些年来以"多集群"的新视角探讨集群间关联成为集群研究的前沿领域。

全球集群网络研究层面,Bathelt 和 Li(2014)将网络视角应用于集群间联系的分析,提出了"全球集群网络"理论,实证研究发现中国和加拿大的集群通过 FDI 活动连接。Li(2015)指出博览会是加强集群间关系的重要平台。Turkina 等(2016)对北美和欧洲 52 个航空航天集群内和集群间企业正式联系网络结构及演化研究发现,网络结构由地理上的本地结构向沿着价值链分层的跨越地理边界的层级结构演化。Nomaler 和 Verspagen(2016)分析了美国 35 个集群内和集群间专利引用的空间轨迹,评估了长期技术演化过程中地理的作用。

共位集群网络研究层面,Delgado 等(2010)研究发现,当两个及以上集群位于相同或者邻近的区域时,本地资源(资本、人才、知识)可以在集群间流动,并对集群的规模产生影响。Mukim(2015)的研究表明,当集群在地理空间上邻近时,相互之间可能产生诸如劳动力市场、买方、卖方、技术等多种联动。Lu 等(2016)分析了珠三角地区处于不同生命周期的集群对共位集群全要素生产率(TFP)的影响,验证了共位集群效应。Bathelt 和 Zhao(2016)构思了大都市区域同产业共位集群分析框架,并对北京三个生物医药产业共位集群间的网络关系进行了实证分析。2017 年,在美国波士顿召开的美国地理学家协会(AAG),专题讨论了"共位集群和集群网络"(Co-Located Clusters and Cluster Networks),可见共位集群间关系受到国际学者的高度关注。

四、产业集群研究展望

产业集群作为经济地理学界的热点议题,受新区域主义、全球生产网络、关系经济地理学等影响，学者围绕集群创新、集群网络、集群演化等问题进行了深入探究，取得了丰富的成果。21世纪伊始，以王缉慈为代表的经济地理研究者打开了国内产业集群研究的窗口，研究内容主要涉及以下层面：①全球价值链之下的地方产业集群升级。全球化背景下，新区域主义在解释区域发展问题上存在局限，嵌入全球价值链的地方产业集群应重视同其他区域产业集群的合作互动，进而创造、增加、保持和捕捉价值（曾刚、文嫮，2005）；文嫮和曾刚（2005）以嵌入生产者驱动型全球价值链的上海浦东IC产业集群为例，分析了全球领先公司对地方产业网络升级的影响，研究发现，价值链治理者的行为并不取决于地方产业网络升级的类型，而取决于升级行为是否侵犯了其核心竞争力。②全球生产网络之下的产业集群去地方化。朱华友和王缉慈（2014）研究指出，在网络权利的拉力和社会资本的黏性相互作用下，形成了全球生产网络中集群企业不同类型的去地方化形式。③全球—地方视角下的集群网络与知识溢出。童昕和王缉慈（2001）研究发现基于成本优势，东莞PC产业集群嵌入全球生产链环节，提高全球生产网络的本地根植性对于集群发展尤为关键；苗长虹（2006）基于全球—地方视角分析了传统外向型产业集群的技术学习过程，认为构建全球—地方网络是实现集群升级的重要途径。④路径依赖视角下的集群演化。李二玲和李小建（2009）探讨了欠发达农区传统制造业集群家族或泛家族网络、内部分工生产网络、本地创新网络、全球供应链网络的演化路径，发现集群网络形成与演化更具内生性和自组织规律；马海涛和刘志高（2012）基于广东潮汕纺织服装产业集群的案例研究发现，地理临近与路径依赖使得集群网络结构得以保持（即"遗传"），企业创新需求作用下的路径创新推动了集群间联系的发展（即"变异"）。⑤集群跨界网络与创新能力。魏江和徐蕾（2014）探讨了集群企业本地和超本地知识网络双重嵌入、互补性和辅助性知识整合、集群创新能力之间的作用机制；张云伟（2016）以台湾新竹和上海张江IC产业为例，系统论述了跨界产业集群网络的形成与演化机制。

综上所述，国内经济地理学者作为"理论追随者"，在借鉴西方集群理论的基础上，开展了大量学术研究，指导了诸多区域实践。然而，中国既出现了基于本地企业家精神的内生型产业集群（浙江温州特色加工业集群），也出现了外资主导下的外生型产业集群（江苏苏州电子信息集群），同时还存在大型国有企业衍生而来的产业集群（四川德阳装备工业集群）等，具体到电子信息产业则形成了外资企业整体游走型、外资企业关联型和外资企业嵌入型等不同类型的集群（于珍，2010），欧美发达国家集群理论在中国的应用遇到了一系列挑战。鉴于此，未来还需推进如下研究。

（1）关注集群创新本地结网与跨界结网的耦合。伴随"全球—地方"联结的深化，集群创新并非全球化或地方化的单向作用，不同空间尺度网络的耦合成为集群创新升级的关键。"本地蜂鸣—全球管道"模型作为全球和地方多空间尺度创新要素互动分析的经典理论，虽从本地—跨界的综合视角构建了集群知识流动的分析框架，但对集群内创新主体从不同空间尺度获取知识的渠道、机制及相对重要性的理解仍旧模糊。加之，现有理论与案例多基于发达国家及大型跨国公司展开讨论，发达国家跨国公司的核心技术研发多发生在母公司所在地，而设立在发展中国家的分支机构多从事生产制造、跨国采购、研究开发和服务营运等职能。以中国为代表的新兴经济体及其后进企业，在创新发展阶段、发展路径等层面与欧美发达国家存在显著差异，迫切需要开展基于发展中国家现实的集群不同空间尺度创新网络格局及其形成演化机制的研究。

（2）开展集群间网络研究。传统产业集群研究侧重于单集群视角，伴随集群研究网络观的盛行，多集群视角的全球集群网络和共位集群研究成为前沿领域。但受限于数据获取，出现了经验研究滞后于理论研究的局面，如全球集群网络的理论假说尚未充分论证，集群网络是否普遍存在尚缺乏充足的经验研究支撑，同产业共位集群研究尚且空白，以上集群间网络研究的不足既给国内经济地理学者带来了挑战，也为其开拓了新领域。

（3）重视分析特定区域情境下的集群创新和集群演化。中国的经济发展阶段、政治制度、社会文化等情境与西方国家大相径庭，中国产业集群的形成、演化、创新等具有自身特色，且不同类型、不同生命周期阶段的集群创新具有异质性，应在建立产业集群研究国际视野的前提下，推进基于发展中国家现实的产业集群理论创新。

第二节　创新网络演化研究综述

一、演化经济地理学视角下创新网络分析框架

演化经济地理学的理论基础可归结为广义达尔文主义、复杂性理论、路径依赖理论以及多维邻近性。广义达尔文主义源于演化生物学，其多样性（variety）、选择（selection）和保留（retention）等思想被经济地理学者应用于解释为何产业在特定区域形成和发展、作为选择环境的区域有何影响、区域种群竞争如何塑造区域演化路径差异、经济联系空间网络动态变化等空间经济演化问题（Essletzbichler & Rigby，2007）。复杂性理论源于系统动力学，经济地理学者引入其自组织（self-organisation）、突现（emergence）和适应（adaptation）等概念，将集群、城市、区域视为复杂适应系统，强调关注知识和经济景观的协同演化（Martin & Sunley，2007）。路径依赖思想源于古生物学，经济史学家David、经济学家Arthur和新制度学派代表者North基于技术锁定（technological lock-in）、动态报酬递增（dynamic increasing returns）以及制度迟滞（institutional hysteresis）等机制，系统地发展了路径依赖理论（尹贻梅等，2012）；经济地理学者汲取了路径依赖思想，用以探讨技术创新、产业与区域发展、集群演化、制度变迁等问题；Martin和Sunley（2006）则提出了区域经济中的地方依赖（place dependence）概念，认为路径依赖机制具有强烈的地方性。邻近性概念起源于马歇尔的"产业区"理论，意指经济主体在地理空间上的共位（co-located）关系，即地理邻近性；"新产业区"现象的出现则使得地理邻近性受到高度关注；随后，由于单一维度的地理邻近性分析

视角难以对主体间交互学习、互动创新作出合理解释，邻近性概念由一维向多维拓展；21世纪以来，演化经济地理学代表者Boschma（2005）在整合法国邻近动力学派成果的基础上，构建了认知、组织、社会、制度和地理等多维邻近性分析框架。

创新网络演化是在内外部创新环境不断变化的背景下，为了应对"稀缺"、提升技术创新竞争力，节点及节点间关系不断调整所导致的创新网络组织形态的变化，在微观上表现为网络节点及节点间联结关系的演化，在宏观上表现为网络空间尺度及网络结构的演化（刘晓燕等，2014）。受西方经济地理学"关系转向"和"演化转向"的影响（马海涛，2012），创新网络演化成为学界探讨的重要议题（Glückler & Doreian，2016）。基于对演化经济地理学理论基础的梳理，本书立足于路径依赖和多维邻近性理论，提出创新网络演化分析框架（图2-4）。创新网络是"主体—关系—尺度—结构"动态演变的协同创新体系。受演化经济地理学第一定律（路径依赖）的影响，创新伙伴、空间尺度、合作关系的选择是路径依赖、路径锁定和路径创造相互制约、相

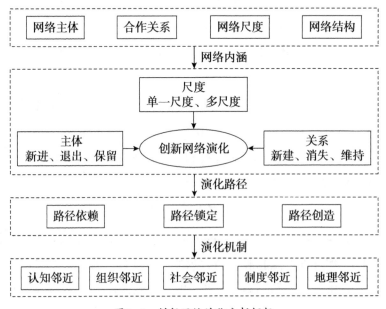

图2-4　创新网络演化分析框架

互促进的复杂自适应过程。邻近性是创新网络演化的重要驱动力，由于技术创新生命周期阶段和演化路径的异质性，创新结网对认知、组织、社会、制度和地理等维度邻近性具有差异化、动态性需求。

二、创新网络演化研究的知识图谱分析

1. 创新网络演化研究的文献概况

基于 Web of Science（WoS）核心数据库和中国知网（CNKI）数据库，运用"主题"和"Web of Science分类""中图分类"相结合的方法，筛选国外、国内经济地理学领域与创新网络演化研究相关的文献。以1991年最早系统化提出创新网络概念为起始时间点，在WoS核心数据库中设置检索表达式如下：主题＝（evolution of innovation network OR dynamic of innovation network）AND Web of Science类别＝（Economics OR Geography OR Area Studies OR Urban Studies OR Planning Development）AND 文献类型＝（Article OR Proceedings Paper OR Review）AND语种＝（English）AND时间跨度＝（1991 to 2016）。删除消息（news）、会议摘要（meeting abstract）、读者来信（letter）等记录，共获取822篇经济地理学领域与创新网络演化研究相关的外文文献，总被引频次26912次，施引文献19535篇。在CNKI数据库中设置检索条件如下：主题 OR 关键词 OR 篇名 OR 摘要＝（创新网络演化 OR 创新网络动态）AND中图分类号＝（F OR K）AND发表时间＝（1991 to 2016）。删除书评、新闻报道、会议通知等记录，共获取446篇文献，总被引频次3587次，施引文献33538篇（图2-5）。

从国外文献来看，20世纪八九十年代，西方经济地理学界的"关系转向"和"演化转向"促使国外学者开启了创新网络演化研究。尤其是演化经济地理学的建立，为该领域研究取得突破性的进展奠定了理论基石。自1991年以来，无论是年度发文数量还是研究成果的受关注程度和学术影响力都有显著提升。

从国内文献来看，在借鉴西方演化经济地理学理论的基础上，自2003年

以来，国内学者围绕创新网络演化议题开展了诸多探讨。但研究成果的学术影响力尚且不足，要实现从"理论追随"到"理论创新"的质变任重而道远。

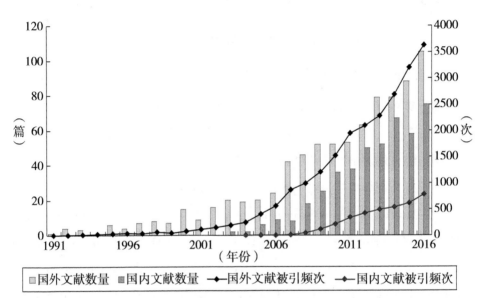

图2-5　1991—2016年经济地理学领域国内外创新网络演化研究文献数量与被引频次

资料来源：Web of Science核心数据库和中国知网数据库。

2. 创新网络演化研究热点议题

1991—2016年经济地理学领域国际创新网络演化研究的关键词共现知识图谱（图2-6）显示，研究热点主要涉及三个方面。

（1）创新网络结构演化（图2-6领域A）。

社会网络分析方法的引入在一定程度上为创新研究带来了方法论革命，经济地理学者从企业、产业、集群等不同层面，关注创新网络拓扑结构的变化、创新网络空间组织形态及演化轨迹，取得了诸多有益的成果。该研究主题的高频关键词包括网络（network）、动态（dynamics）、产业（industry）、企业（firm）、集群（cluster）、知识（knowledge）、知识溢出（knowledge spillover）、共同演化（co-evolution）、集群生命周期（cluster life cycle）、社会网络分析法（social network analysis）、小世界网络（small world network）等。

（2）创新网络演化路径（图2-6领域B）。

路径依赖与路径创造成为理解创新网络演化的重要机制。高频关键词包括创新网络（innovation network）、演化（evolution）、演化经济地理（evolutionary economic geography）、路径依赖（path dependence）、路径创造（path creation）、锁定（lock-in）、社区（community）、模式（pattern）等。

（3）创新网络演化机理（图2-6领域C）。

邻近性视角下的创新网络形成与演化机理研究是探讨的热点领域。该研究主题的高频关键词涉及创新（innovation）、网络（network）、邻近性（proximity）、根植性（embeddedness）、距离（distance）、吸收能力（absorptive capacity）、认知邻近性（cognitive proximity）、模型（model）、地理（geography）等。

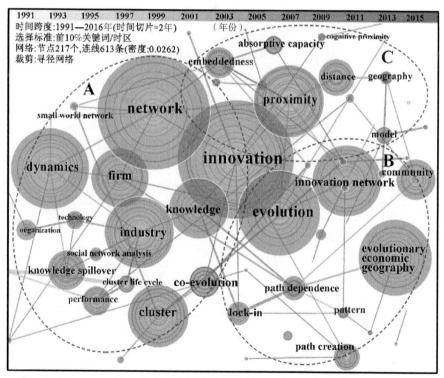

图2-6　1991—2016年经济地理学领域国际创新网络演化研究关键词共现知识图谱

注：节点越大代表关键词共现频次越高；节点外围颜色越深代表关键词新近受到的关注越多；节点间连线表示关键词之间的共现关系；为简化网络，未显示共现频次较低的节点。

国内创新网络演化研究的关键词共现知识图谱（图2-7）显示，国内学者在借鉴西方理论和研究范式的基础上，从"格局—过程—机理"等层面，运用社会网络分析、仿真等方法，展开集群、区域、装备制造、生物医药等创新网络演化实证研究，关注焦点企业、核心企业、跨国公司等创新主体。其中，创新网络、网络演化、产业集群、区域创新网络、集群创新网络、复杂网络、网络结构、演化过程、演化机理、演化路径、协同创新等为突变（Burst）关键词，代表了国内研究的热点领域和新兴趋势。

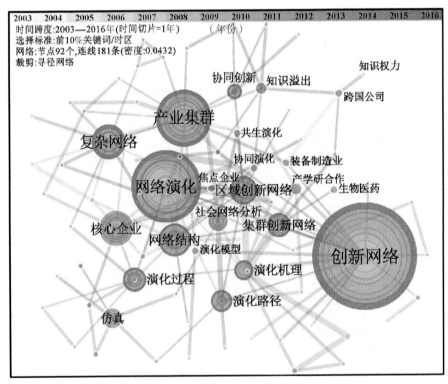

图2-7 2003—2016年经济地理学领域国内创新网络演化研究关键词共现知识图谱

注：节点越大代表关键词共现频次越高；节点外围颜色越深代表关键词新近受到的关注越多；节点间连线表示关键词之间的共现关系；为简化网络，未显示共现频次较低的节点。

3. 创新网络演化研究知识基础

由于CNKI数据库不包含参考文献信息，且国内创新网络演化研究主要是在借鉴国外研究成果的基础上推进的，故本书仅进行国外文献共被引分析。1991—2016年经济地理学领域国际创新网络演化研究文献共被引时区（图2-8）和热点文献分析结果（表2-4）显示，创新网络演化研究知识基础主要涉及以下层面。

（1）创新网络形成与演化的多维邻近性机制。

自马歇尔提出"产业区"理论以来，地理邻近性一直是区域创新、知识溢出的重要分析视角。伴随研究的深入，单一维度邻近性分析的局限日益显露，邻近性由一维向多维拓展。Boschma（2005）发表在《Regional Studies》的研究构建了由认知、组织、社会、制度、地理五个维度邻近性构成的创新网络分析框架；Balland（2012）发表在《Regional Studies》的研究探讨了多维邻近性对全球卫星导航系统研发合作网络形成与演化的影响；Broekel 和 Boschma（2012）发表在《Journal of Economic Geography》的研究指出认知、社会、组织、地理等维度邻近性在荷兰知识网络的形成过程中发挥重要作用，但过度邻近会对企业创新绩效产生负面影响。

（2）创新结网的多空间尺度耦合。

围绕知识联系和创新网络的地理空间问题，经济地理学界形成了新区域主义、全球创新网络、关系经济地理三大学派，研究尺度逐渐从本地、全球二分的单一尺度到全球—地方联结的多尺度耦合。Bathelt 等（2004）发表在《Progress in Human Geography》的研究质疑了单一尺度知识流动的观点，将本地视角和跨界视角结合起来，构建了知识流动、创新合作的"本地蜂鸣—全球管道"（local buzz-global pipeline）模型；Morrison（2008）发表在《Regional Studies》的研究进一步推进了多尺度创新互动的探讨，识别了"本地—跨界"网络中的重要行为主体，即知识守门员（knowledge gatekeeper）。

（3）以产业集群为重点的创新网络研究。

西方经济地理学"演化转向"助推了学者从企业异质性、企业惯例、生命周期、网络结构、路径依赖、区域情境和共同演化等视角深化产业集群创新网络演化研究。Giuliani 和 Bell（2005）发表在《Research Policy》的研究分析了智利葡萄酒集群企业的知识吸收能力与多空间尺度知识联系。Boschma和Ter Wal（2007）发表在《Industry and Innovation》的研究探讨了意大利制鞋集群网络结构与创新绩效，结果显示网络密度、网络中心度和地理开放性对集群企业创新绩效有正向影响。Menzel和Fornahl（2010）在《Industrial and Corporate Change》发文，构建了集群生命周期模型，解析了不同生命周期阶段集群演化的驱动力。

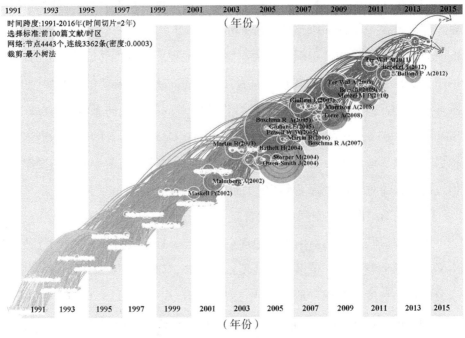

图2-8　1991—2016年经济地理学领域国际创新网络演化研究文献共被引时区

注：节点越大代表文献被引频次越高；节点外围颜色越深代表文献新近被引用的次数越多；节点间连线表示文献之间的共被引关系；为简化网络，未显示共引频次较低的节点。

表2-4　1991—2016年经济地理学领域国际创新网络演化研究高被引文献

第一作者	刊物	年份	被引频次（次）	主要贡献
Boschma R A	《Regional Studies》	2005	55	构建了认知、组织、社会、制度、地理等多维邻近性与创新之间关系的分析框架，并探讨了其内在机制

续表

第一作者	刊物	年份	被引频次（次）	主要贡献
Bathelt H	《Progress in Human Geography》	2004	52	质疑隐性知识本地化和编码知识非本地化单一尺度流动的观点，构建了知识流动的"本地蜂鸣—全球管道"模型
Torre A	《Regional Studies》	2005	34	强调临时性地理邻近对于知识传播的重要作用
Morrison A	《Regional Studies》	2008	31	强调外部知识对产业区创新的影响，识别了产业区中的知识守门员角色，并探究了其互动过程
Martin R	《Journal of Economic Geography》	2006	30	探讨了路径依赖与区域经济演化之间的关系
Ter Wal A	《The Annals of Regional Science》	2009	28	倡导引入社会网络分析方法，指出该方法在集群、区域创新系统、知识溢出研究中的应用前景
Giuliani E	《Journal of Economic Geography》	2007	28	集群中的知识扩散具有目的性和高度选择性，并非弥漫的和随机的
Breschi S	《Journal of Economic Geography》	2009	28	阐述了移动发明者和发明者网络对于跨企业、城市内、国家内知识传播的影响
Storper M	《Journal of Economic Geography》	2004	26	强调面对面交流的重要性，归纳了面对面交流的特性，构建了面对面交流促进经济主体协同的分析模型
Martin R	《Journal of Economic Geography》	2003	25	对波特的集群理论提出质疑，主张谨慎使用集群概念，尤其是在制定政策时
Boschma R A	《Industry and Innovation》	2007	23	从产业区企业层面探讨了本地和非本地知识网络结构对创新绩效的重要影响
Menzel M P	《Industrial and Corporate Change》	2010	23	探讨了集群演化的核心驱动力以及不同生命周期阶段核心驱动力的动态变化
Giuliani E	《Research Policy》	2005	23	分析了集群企业知识吸收能力对集群内部知识系统和跨集群知识联系的影响
Powell W W	《American Journal of Sociology》	2005	22	探讨了偏好依附、同质性、多层次网络等机制对于网络演化的影响

续表

第一作者	刊物	年份	被引频次（次）	主要贡献
Owen-Smith J	《Organization Science》	2004	21	分析了地理邻近、组织邻近对基于网络的知识溢出的影响
Malmberg A	《Environment and Planning A》	2002	21	从知识创造和互动学习的视角解读集群的本质
Balland P A	《Regional Studies》	2012	19	探讨了地理、组织、制度、认知和社会邻近性对研发合作网络形成与演化的影响
Ter Wal A L J	《Regional Studies》	2011	18	构建了企业、产业、网络等层面的共同演化分析框架
Broekel T	《Journal of Economic Geography》	2012	17	验证了认知、社会、组织、地理邻近对知识网络的重要作用，但过度邻近对企业创新绩效具有负向影响
Maskell P	《Cambridge Journal of Economics》	1999	15	强调集体学习和企业隐性知识对维持产业竞争优势的重要性

注：重点梳理前20篇高被引文献的学术贡献。

三、创新网络演化研究内容与争论

1. 创新网络结构演化

早期经济地理学者的创新网络结构演化研究多以产业集群为典型案例，剖析集群在不同生命周期阶段网络结构特征的动态性。Saxenian（1994）对美国硅谷和128公路的区域合作网络形态进行了对比分析；Pyke等（1990）刻画了"第三意大利"的供求网络和非正式网络形态；王缉慈领衔的集群研究团队对中关村、东莞、温州等区域的产业集群创新网络发展轨迹进行了系统研究（王缉慈，2016）；曾刚领衔的创新研究团队深入分析了浦东生物医药、东营石油装备制造等产业集群创新网络组织模式及演化过程（毛睿奕、曾刚，2010；吕国庆等，2014）。

伴随社会网络分析方法引入创新经济学和经济地理学研究，组织间互动关系得以量化，弥补了早期研究中缺乏规范性及对网络关系演化过程探究不足的缺陷。Gay和Dousset（2005）对法国生物医药产业技术创新联盟网络的研究发现，网络具有择优连接性，趋向于小世界网络；Ter Wal（2013）基于1980—2000年EPO和USPTO的合作专利数据，测算网络平均路径长度、网络连通性和网络凝聚系数等指标，对比分析了法国索菲亚科技园区信息技术和生命医药产业集群创新网络结构演化。国内经济地理学者基于合作专利、合作论文以及产业技术创新联盟等数据，依据中心度、结构洞等个体网络指标，识别了生物医药、装备制造、电子信息等产业创新网络主体及演变，并运用平均路径长度、群集系数、凝聚子群等指标刻画了不同产业整体创新网络演化过程（汪涛等，2011；顾娜娜，2015；李婷婷，2016；宓泽锋、曾刚，2017；周灿等，2017）。

经济地理学者更为关注创新网络的空间组织形态及演化轨迹，侧重探讨不同空间尺度上网络空间格局变化。Li和Phelps（2017）基于WoS中2000—2014年合作论文数据，实证分析了长三角地区知识多中心的多尺度动态演化，研究发现区域、国内和国际尺度上的多中心动态性具有显著差异；李丹丹等（2013）基于2000—2009年Institute for Scientific Information和重庆维普数据库中的合作论文数据，以国家、省、城市为空间单元，研究发现知识溢出网络在全球和国家尺度上趋向于小世界网络，区域尺度上趋向于随机网络。

集群研究由地方观向网络观的转变则使得多集群网络演化研究逐渐兴起（Cassi et al.，2012）。Turkina等（2016）运用社区发现方法分析了2002—2014年北美和欧洲地区52个航空航天产业集群内和集群间网络，发现全球集群网络呈现由地理上的本地结构向沿着价值链分层的跨越本地的层级结构演化，该研究为探究经济现象的空间组织与驱动力提供了新的范本；Nomaler和Verspagen（2016）运用主导路径方法，分析了1986—2006年美国35个集群内和集群间专利引用的空间格局，评估了地理因素在技术演化过程中的作用，暗示了技术网络趋于集群间而非集群内的演化趋势。

2. 创新网络演化路径依赖与路径创造

路径依赖被认为是经济景观的较为基本特征之一，也是演化经济学的第一定律（Hall，1994）。路径依赖思想重视历史对现行和未来经济社会系统运行轨迹的影响，强调路径产生的随机性和偶然性、路径产生之后的自我强化和自我积累机制以及路径锁定的风险。德国经济地理学者Grabher最早引入路径依赖概念，从政治锁定、认知锁定和功能锁定等层面解释了鲁尔区缺乏更新的原因。此后，路径依赖理论被经济地理学者广泛应用于老工业基地衰落、区域经济非均衡发展以及新兴产业产生等问题的探讨（尹贻梅等，2012）。Martin和Sunley（2006）研究认为区域经济演化过程均可视为路径依赖，而真正的演化应是能够实现创新和新路径创造的路径依赖机制；尹贻梅等（2012）研究指出，区域经济演化过程中存在两种路径依赖效应：一是以企业衍生、集聚经济为驱动力的路径依赖（积极锁定），二是过度专业化、忽视外部联系导致的路径依赖（消极锁定）；贺灿飞等（2017）研究发现，基于认知邻近性的路径依赖式发展会导致"弱者恒弱"的现象，不利于处于网络边缘位置的区域实现产品升级和演化。为避免区域经济因过度路径依赖而失去弹性和敏感性、陷入僵化锁定，演化经济地理学者提出了路径创造、路径突破和路径重构等概念。路径创造关注路径自身变化和路径转变的可能性，强调创新主体之间、创新主体与区域情境之间的互动关系对于路径演化的重要性，是打破区域锁定、实现创新升级的重要选择（张伟峰等，2003）。吕可文等（2018）研究指出，集群演化是路径依赖与路径创造相互制约相互促进的复杂自适应过程。

网络化社会背景下，路径依赖、路径锁定和路径创造等理论被经济地理学者应用于集群网络演化研究。相关议题涉及两个方面：①路径依赖与集群企业知识网络地理边界的互动关系。魏江和徐蕾（2014）研究梳理了集群企业受路径依赖报酬递增效应和消极锁定效应的影响，知识网络地理边界由本地根植到跨界拓展的动态过程。②集群网络演化路径依赖与路径创造机制。陈肖飞等（2019）探讨了奇瑞汽车集群网络演化过程中驱动机制的变化，研究发现松散型网络、紧凑型网络、开放型网络的核心驱动机制分别为路径依赖机制、关系选择机制、学习创新机制。总体上，如何基于创新主体的进入、成长、衰落和退出，合作关系的建立、强化、锁定和解散等动态过程，阐释创新网络演化是路径依赖抑或是路径创造的研究还有待深化。

3. 邻近性视角下创新网络演化机理

邻近性是经济地理学分析区域创新、网络演化的重要视角，但由于研究对象、研究尺度、研究时段以及研究方法等存在差异，多维邻近性对创新网络形成与演化形成了不同的影响机制（图2-9）。地理邻近具有增加面对面交流机会、强化集体学习的优势，从而促进隐性知识溢出，成为创新合作的重要驱动力。Hoekman 等（2010）基于2000—2007年欧洲国家313个区域的合作论文数据，研究发现尽管欧洲一体化进程的推进削弱了领土边界的作用，但创新合作依旧具有地理距离敏感性。认知邻近有助于创新主体对技能、技巧、诀窍等非编码化和复杂化知识的理解与掌握，能够提高知识溢出效率，是创新主体以新观念、新方法整合异质性和互补性知识的必要条件。Balland 等（2016）基于花名册回忆法获取了西班牙玩具产业集群技术知识和商业知识网络演化数据，研究表明较之商业知识网络，地理邻近和认知邻近对于技术知识网络演化更为重要。组织邻近则是整合多方主体的信息、知识、技术，促使其在未知和不确定性环境中转移交换的重要保障。D'Este 等（2013）通过分析1999—2003年英国工程和自然科学研究委员会（EPSRC）支持的合作研究项目发现，组织邻近和地理邻近对于促进高校和企业合作具有显著正向影响。社会邻近能够提供可靠的潜在创新合作伙伴、减少信息不对称、促进敏感性知识交流、优化知识传播通道。Agrawal 等（2006）研究发现，发明者的工作经历与知识流动模式具有内在关联，社会关系强化了创新合作的路径依赖。制度邻近是保护创新主体利益、避免机会主义行为、激励创新合作的重要力量。Broekel 和 Hartog（2013）运用指数随机图模型分析了荷兰航空工业知识网络演化，结果显示若考虑节点属性和网络结构内生性，仅地理邻近和制度邻近对创新网络演化具有显著影响。

然而，邻近性因素对创新合作的影响并非静态的，不同维度邻近性的重要程度因产业知识基础和生命周期而异（Davids & Frenken，2018）。对于技术知识复杂度高、技术生命周期萌芽阶段的产业而言，由于知识隐性程度高，基于地理邻近的面对面交流仍然至关重要（Balland et al.，2013）；伴随技术生命周期的成熟，行业知识基础逐渐被编码化，网络关系的地理距离会随着时间的推移而增加（Menzel & Fornahl，2007）。Ter Wal（2014）对德国生物医药产业发明者网络演化的研究发现，三元关系促进远距离协作关系的形成，地理邻近的本地网络对集群创新的重要性减弱，远距离的外部网络发挥越来越重要的作用。另外，过度邻近则会致使关系锁定，妨碍创新网络演化。诸多实证研究证实了过度的地理、认知、组织、社会、制度等邻近会造成恶性竞争与空间锁定、知识异质性降低、封闭内向锁定网络、机会主义风险低估、新成员被排挤等消极后果（李琳、雒道政，2013）。Li 等（2012）构建了基于"情境—网络—行动"的网络动态与集群演化分析框架，通过广东大沥挤压铝型材产业集群的案例分析发现，伴随新一代企业家的形成，早期依托亲缘关系过度邻近的学习网络逐渐消失，成为网络演化的首要驱动因素。

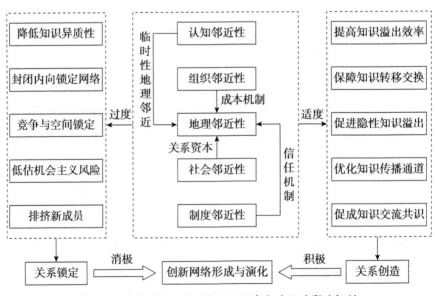

图2-9　多维邻近性对创新网络形成与演化的影响机制

此外，多维邻近性并非相互独立，认知、组织、社会、制度等维度邻近性基于临时性地理邻近、成本机制、关系资本、信任机制等，对地理邻近性具有替代效应。伴随信息通信技术的发展和知识编码化程度的提高，地理邻近性对于创新合作的重要性受到质疑。Bunnell和Coe（2001）认为，认知和组织等邻近性对于交互学习与合作创新更为关键，由此提出了去地域化（de-territorialized）邻近性概念。Torre和Rallet（2005）则认为创新合作过程中的面对面交流需求可通过个体流动的方式，以博览会、研讨会、商务旅行等形式构建的临时性地理邻近来满足。创新主体通过松耦合网络组织，依托社会邻近与外部知识源建立联系，促进不同空间尺度知识流动和创新合作，暗含"关系空间"能在一定程度上补充或替代实体"地理空间"的作用，推动远距离主体间开展创新合作（Asheim & Isaksen，2002）。

四、创新网络演化研究展望

受益于演化经济学理论的发展、经济地理学的"关系转向"和"演化转向"以及社会网络分析方法的引入，演化经济地理学在企业、产业、集群、区域乃至全球等层面的创新网络演化研究取得了诸多成果。针对现有研究中的争议和不足，还需在以下方面做进一步深入探讨。

（1）解析发展中国家和多集群创新网络及其动态性的特质。创新网络涉及创新网络主体、创新合作关系、创新网络尺度、创新网络结构四方面内涵。中国的创新阶段、创新政策以及创新基础等与西方发达国家存在较大差异，在创新网络"主体—关系—尺度—结构"维度上有何独特性有待揭示。同时，中国区域创新发展具有阶段差异、区域创新模式各具特色，有必要开展不同类型、不同发展阶段的区域创新网络动态性比较研究。此外，集群作为创新的重要空间载体和创新主体融入创新网络的重要平台，是经济地理学者探讨创新网络演化的重要空间单元。"流动空间"时代，不同空间尺度创新结网的"超越集群"研究兴起，关系经济地理学者则前瞻性地提出了"全球集群网络"理论。多集群创新网络是一个涉及不同类型、不同生命周期阶段、不同制度与文化等区域情境的多集群协同创新的更为复杂的创新生态系统，传统单集群创新网络演化研究结论对其解释力不足，多集群创新网络如何耦合、演化路径、演化机制有何特质还需深入论证。

（2）探讨创新网络演化的路径依赖抑或路径创造机制。路径依赖被誉为演化经济学的第一定律，技术创新、区域发展以及集群演化过程中的路径依赖现象已被众多实证研究所证实。然而，纵观创新网络演化路径研究，有关创新网络演化是否或者在多大程度上是一个路径依赖的过程，路径依赖的形成机制是否具有显著的地方尺度，如何实现创新合作的路径创造等问题的探讨还较为少见，有必要基于关系视角来探讨创新主体的网络位置及位置演化轨迹。

（3）揭示创新网络演化邻近性机制的阶段性及交互作用。邻近性被认为是创新网络形成与演化的重要影响因素，由于创新网络发展阶段的差异，现有研究对不同维度邻近性重要程度的认知存在争议。应立足于动态演化视角解析创新网络形成与演化核心驱动力的变化，寻求创新网络不同发展阶段促使主体互动学习、合作创新绩效最大化的最佳邻近距离。

第三节　本章小结

通过对产业集群与创新网络演化等相关研究成果的梳理发现，网络是集群的本质，集群创新网络作为重点议题，无论是在单集群、多集群等研究对象层面，还是在本地联系、外部联系等研究尺度层面，抑或是在网络格局演化、网络演化路径、网络演化机制等研究内容层面都取得了突破性进展（图2-10）。在总结研究争议、研究前沿、研究不足的基础上，得出如下启示。

（1）推进集群间网络探讨。

基于多集群的集群间网络研究成为新近热点议题，但目前该项研究尚处于理论假说阶段。由于不同集群在形成机制、生命周期阶段、创新能级、创新环境、创新模式等方面存在差异，传统产业集群、创新网络等研究结论是否适用于集群间网络这一复杂的生态系统有待通过经验研究来验证。

（2）强化多空间尺度网络耦合研究。

现有研究对于不同空间尺度联系相对重要性的认知尚存在争议，但不同空间尺度并非孤立的，应在把握不同类型、不同生命周期阶段集群创新网络空间尺度异质性的前提下，通过多尺度耦合来促进集群创新。

（3）动态看待多维邻近性机制对于网络形成与演化的影响。

不同生命周期阶段集群创新合作对不同维度邻近性的需求存在差异，科学判别多维邻近性重要程度的动态性，对于集群创新网络构建具有重要意义。

综上所述，本书选题确定为多集群多尺度创新网络演化研究，从本地、区域、国家等多空间尺度展开对不同类型、不同生命周期阶段集群网络格局演化、演化路径、演化机制的分析，以期揭示多集群多尺度这一复杂创新生态系统的特殊性、动态性、规律性。

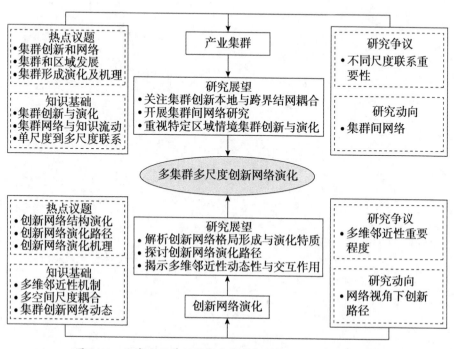

图2-10　经济地理学领域产业集群与创新网络演化研究总结

第三章
集群创新网络演化的理论基础

通过第二章文献回顾可知，集群创新网络议题备受经济地理学界关注，取得了较为丰富的研究成果。本章在整合新区域主义、全球生产网络、关系经济地理等学派有关创新网络空间模式探讨的理论基础上，融入演化经济地理学思想，同时汲取集群生命周期、路径依赖与路径创造、多维邻近性等理论精华，最终从"格局演化—演化路径—演化机制"层面构建多集群多尺度创新网络演化研究的分析框架并提出相应研究假设。

第一节　创新网络空间模式

一、创新网络多尺度耦合

围绕知识联系和创新网络的地理空间问题，经济地理学界形成了新区域主义、全球生产网络、关系经济地理三大学派，研究尺度逐渐从本地、全球二分的单一尺度到全球—地方联结的多尺度耦合。

20世纪70年代末，西方经济地理学者对"地方"和"空间"的再认识，触发了"新区域主义"、催生了"新经济地理学"（贺灿飞等，2014），基于地理邻近的本地知识网络对于创新的重要性受到重视。研究认为，由地理邻近所形成的共享（sharing）、匹配（matching）、学习（learning）（Duranton et al.，2004），使得知识和创新的空间扩散在集群中更为便利（Morrison et al.，2013），本地网络和知识溢出被认为是集群竞争力的核心（Huber，2012）。从网络层面来看，集群企业基于横向和纵向联系，通过频繁的正式和非正式交流，强化了集体学习过程，本地网络与集群创新存在显著相关性，本地企业高度嵌入密集的地方化知识共享网络是成功的高科技集群的关键特征（Maskell，2001；Breschi & Lissoni，2001；Capello & Faggian，2005）。从知识溢出层面来看，自马歇尔对产业集聚现象关注以来，产业区、创新环境、产业集群、区域创新系统、学习型区域等研究均强调本地学习和地方知识溢出是集群创新的重要驱动力。经济地理学和创新经济学的普遍假设是位于集群中的企业受益于本地学习和知识溢出，尤其隐性知识溢出是高度本地化的过程，需要面对面交流，集群外企业难以享受到隐性知识溢出的益处（Morgan，2004）。总体上，新区域主义学派强调本地知识网络的重要性。

全球生产网络学派则重视跨界网络对于集群获取全球知识的重要性，强调地方嵌入性与地方制度响应（Dicken et al.，2001；Humphrey & Schmitz，2002）。伴随创新全球化深化，集群企业对本地知识网络的依赖逐渐减弱，越来越多地与集群地理边界之外的行为主体建立正式或非正式联系，以便嵌入全球生产网络和全球创新网络（Turkina et al.，2016）。通过贸易与投资、人才流动、产业上下游关联、产学研协作研发、企业创立与衍生等多种途径构建全球尺度网络以获取外部知识对于集群发展和技术创新才是至关重要的（Combes，2000；Malmberg，2003）。例如，Saxenian 和 Hsu（2001）研究指出，中国台湾新竹产业园区创新能力的提升在很大程度上得益于其与硅谷的紧密联系；Owen-Smith 和 Powell（2004）基于波士顿生物技术集群的研究发现，区域间或国际上的战略合作伙伴是集群企业重要的新知识源。总体上，全球生产网络学派强调外部知识网络的重要性，并从个人、企业、集群、城市区域等不同尺度构建了跨区域和全球联系的分析框架（表3-1）。

表3-1　　　　　　　　　跨区域联系分析框架

尺度	概念性框架	核心驱动力	主要观点	局限性
个人	跨国社区	移民工程师/企业家	促进外部知识转移/学习	关注少数移民群体；缺乏企业和FDI维度
企业	全球价值链/全球生产网络	跨国公司总部/全球购买者/全球生产者	本地集群是跨国公司节点；集群企业外部学习取决于价值链治理	关注垂直互动；关注投入—产出联系而非FDI；空间关系次要
集群	全球管道	贸易博览会参与者/商务旅行者	跨区域管道提供关键要素资源；临时性集群促进管道形成/延伸	关注集群内联系；全球联系概念模糊；未考察与FDI相关的持久网络

续表

尺度	概念性框架	核心驱动力	主要观点	局限性
城市区域	全球城市	全球生产服务商/跨国公司总部	集中于全球城市；依据城市等级进行权利控制	关注投入—产出联系而非FDI；关注最高级别的全球城市区域

资料来源：Bathelt和Li（2014）。

新区域主义和全球生产网络学派对不同空间尺度知识源重要程度的差异化认知，引起了学界有关本地网络和跨界网络及其相互关系的探讨。Glückler（2007）认为，区域获取新知识、提升创新能力的关键是通过人才迁移、跨国公司、全球创新网络等建立外部联系；Morrison等（2013）认为，知识守门员具有强大的知识库、能维持密切的外部联系，同时能通过其密集的本地网络在区域内扩散知识，从而实现本地和跨界创新网络的桥接，为避免区域锁定风险、促进外部知识扩散，培育知识守门员尤为重要；Chaminade和Plechero（2015）则认为在全球创新网络中处于知识枢纽区还是边缘区位置，主要取决于区域创新网络的异质性，全球创新网络只是区域创新的补充。事实上，如果区域缺乏高度本地蜂鸣特征，外部联系主体就难以扩散通过跨界网络获取的外部知识（Morrison & Rabellotti，2009）。可见，单一空间尺度的网络分析存在局限性，需要从"本地—跨界"网络的综合视角来研究知识流动和区域创新，例如，Berman等（2020）研究发现，意大利区域创新系统与全球知识源的联系日益密切。

由此，Bathelt等（2004）关系经济地理学者构建了知识流动的"本地蜂鸣—全球管道"模型，强调集群创新取决于地方和全球等不同空间尺度知识网络的耦合。Trippl等（2009）则将知识联系细分为市场关系、正式网络、知识溢出、非正式网络四种类型，进而分析不同类型知识联系的多尺度互动机制，深化了"本地蜂鸣—全球管道"模型。

二、集群网络假说

从空间尺度上来看，区域创新过程中日益凸显的多尺度耦合现象已逐渐被学者们所认知。鉴于知识生产和知识流动都具有空间不均衡特征，那么，从空间区位上来看，跨区域创新合作更容易发生在何种区位的创新主体之间呢？换言之，不同区位的创新主体，其创新伙伴的选择在区位上是否具有差异性或规律性？Engel 和 Del-Palacio（2009）对创新集群联系进行了研究，认为弱联系（weak ties）、持久联系（durable bonds）、共赢联系（covalent bonds）等不同类型联系的集合体构成了创新集群网络（Networks of Clusters of Innovation），其中，弱联系是流动人才通过面对面等交流形式形成的联系，持久联系是地理空间上分散的不同创新集群中社区、企业、组织机构、个人构成的联系，若集群间联系持久且能够根植于其他集群的商业环境之中便能形成共赢联系；并指出当集群间联系进入持久联系阶段便会形成超级创新集群（Super Clusters of Innovation），由此提出了"超级创新集群网络"（图3-1）。随后，Engel 和 Del-Palacio（2011）进一步对集群内个人和组织如何通过弱联系、持久联系、共赢联系与全球其他创新集群链接的内在机制进行了探讨，并认为除集群间联系，创新集群还与分散于集群之外的大学、金融中心、技术中心、政府与监管中心等全球价值节点形成联系，由此形成了"全球创新集群网络"（Global Networks of Clusters of Innovation）；此外，其研究也从集群的要素、特征、联系等层面对产业集群、创新集群、超级创新集群、全球创新集群进行了解析和比较（表3-2）。

Bathelt 和 Taylor（2002）认为，尽管现代交通和通信技术的发展使得商品、技术、知识能够跨越区域、国家、文化边界流动，但以地方化网络为本质的集群才是区域成功的关键，同时，集群嵌入到跨越集群的更大尺度的"全球集群网络"之中。Bathelt 和 Li（2014）基于中国和加拿大之间的FDI联系发现，位于集群中的企业更倾向于在集群区域进行跨国投资，相反，非集群中的企业知识创新能力、管理能力相对较弱，区位选择具有成本导向，则会避免在集群区域进行跨国投资，证实了"全球集群网络"理论假说（图3-2）。Turkina 等（2016）在此基础上，以北美和欧洲地区52个航空航天产业集群为例，分析了全球集群网络空间格局的动态性，研究发现空间运输成本

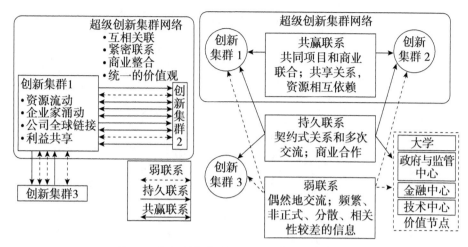

图3-1　超级创新集群网络与全球创新集群网络

资料来源：Engel和Del-Palacio（2009，2011）。

的降低诱发集群越来越在价值链的细分环节专业化，进而引起全球集群网络
由地理上的本地结构向沿着价值链分层的跨越本地的层级结构演化。

表3-2　　　　　　　　　　　集群的创新网络要素、联系与特征

	产业集群	创新集群	超级创新集群	全球创新集群
要素	共位 大型企业、中小企业、大学、研发中心、服务商、组织和个人、专营店	共位 全球化企业、大型企业、企业家、投资者、大学、研发中心、服务商	远离且相互独立创新集群和其他价值节点	远离但相互依赖创新集群网络
联系	当地弱联系；基于联系的交易，如专业供应商联系；激烈的竞争关系	创新集群内的弱联系；共享价值观；公司之间和公司内部的联盟激励机制	创新集群之间的弱联系；持久联系；共同价值观；联盟激励	创新集群之间的联系；持久联系；共赢联系；相互依赖；统一价值观；联盟激励；相互尊重
特征	合作较少，受外部威胁	创业过程；内部资源流动；密切合作；国际化战略；持续的资本和理念；较短的创新周期；分级承担风险	创业过程；偶然合作；国际创新集群之间的流动、链接和资本与技术循环	创业过程；永久合作；国际创新集群之间的相互依赖、资本循环、流动

资料来源：Engel和Del-Palacio（2011）。

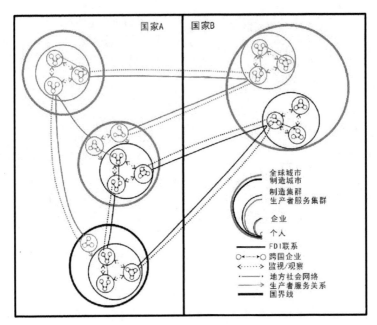

图3-2　全球集群网络模型

资料来源：Bathelt和Li（2014）。

通过对调研访谈中的记录进行整理，企业核心负责人以及行业协会、技术联盟等组织核心人员的介绍更为直观地刻画了创新网络空间模式。

> 企业注重合作创新，不仅同市内科研实力较强的高校科研院所进行技术交流与合作，还倾向于同行业领先企业、高校科研院所集聚的北京、上海等区域合作。此外，我们还同美国硅谷存储器领域的知名企业进行项目合作，通过全球合作，跨越了"专利路障"，实现了"弯道超车"。
>
> ——首批重点集成电路生产企业，业务发展部副总，2016.3.15

> 协会于1991年成立，致力于将分散在全球的创新资源高效地组织起来，70多家公司会员均为全球半导体产业创新集群中的明星企业。通过举办项目推介、技术交流等活动，协会在全球集群网络构建中起到了桥梁作用，例如，在浙江省2014硅谷海外高层次人才对接活动中，协会发挥

重要中介作用，促进了中国和美国半导体产业集群跨国技术人才网络的构建。

——某国半导体产业主流行业协会，副会长，2016.3.15

为了激活大规模集成电路（LSI）产业创新活力，2005年4月成立了"LSI集群促进会"这一组织机构，旨在打造地方产业集群，通过合作与竞争促进企业及地区创新发展。此外，该机构下设了全球创新部、全球营销部、全球网络部3个部门，通过举办国内外产业发展高层研讨会、构建全球技术人员网络、开展与海外集群交流合作等举措整合全球创新资源。我们和上海集成电路行业协会有长期合作，因为上海集成电路产业集群技术创新实力很强，协会之间的沟通交流高效地推进了我们和中国上海跨国集群之间的合作研发。

——某国大规模集成电路（LSI）集群促进会，全球网络部部长，2016.3.16

着眼于尺度选择和区位选择层面，对创新网络经典理论进行梳理归纳，构建多尺度耦合、多集群互动的创新网络空间模式分析框架（图3-3），并结合实地调研访谈资料，本研究对中国电子信息产业创新网络的空间模式提出如下假设。

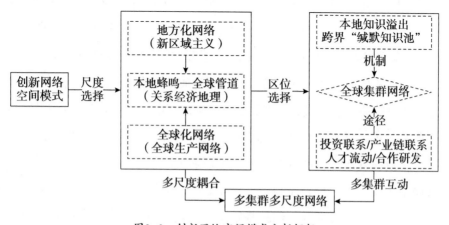

图3-3　创新网络空间模式分析框架

H1a：位于集群中的创新主体，其创新伙伴的选择在区位上更倾向于集群区域；

H1b：位于非集群中的创新主体，其创新伙伴的选择在区位上更倾向于非集群区域。

第二节　集群创新网络动态性

一、产业集群生命周期

生命周期概念源于生物学，刻画了生命体的阶段性发展特征，此后，经济学、管理学、地理学等学科领域引入该思想，生命周期理论内涵拓展至产品、企业、产业、技术、集群等层面。其中，产业集群生命周期理论为研究集群网络动态演变提供了有用的分析视角。

Ahokangas 等（1999）较早提出了区域集群演化模型，将集群生命周期划分为起源与显现、成长与集中、成熟与再生三个阶段。集群起源与显现阶段，创新企业家主要基于人际关系构建企业间网络；伴随新企业的进入，集聚效应增强，集群步入成长与集中阶段，广泛的、高质量的、松散联系的网络成为集群成功的关键；集群成熟与再生阶段，集聚不经济以及集群企业的技术模仿、产品同质化，致使集群发展陷入锁定，新产业、新网络的形成对于集群升级至关重要。

Menzel 和 Fornahl（2010）将企业知识异质性视为集群演化的核心驱动力，构建了集群萌芽、集群成长、集群成熟、集群衰退的生命周期模型（图3-4）。集群萌芽阶段，新兴集群并非真正意义上的集群，企业数量较少，技术空间分散，企业间异质性程度较高，基于地理邻近的集体学习机制并未形成，企业间联系主要存在于母公司和衍生企业之间。集群成长阶段，企业数量快速增加，创新服务机构涌现，创新基础设施优化，企业间集聚程度和认知程度提高，专业化劳动力市场形成，开放的、弹性的客户—供应商网络和创新网络逐渐呈现。集群成熟阶段，集群规模趋于稳定，密集的地方化网络是集群企业的核心竞争力，同时，外部联系成为集群企业获取新知识的重要管道。集群衰退阶段，企业数量减少，多样性缺乏，封闭的、同质化网络妨碍了集群更新。

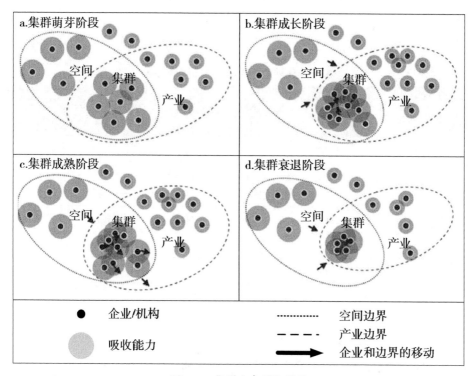

图3-4　集群生命周期模型

资料来源：Menzel 和 Fornahl（2010）。

Ter Wal 和 Boschma（2011）探讨了不同生命周期阶段，集群、企业、产业、网络之间的共同演化（表3-3）。集群引入期，企业多样性高，技术发展方向尚不确定，技术知识隐性程度高，企业间熟识度低，网络形成主要受社会关系和偶然事件影响，致使网络高度不稳定，集群呈现空间集聚的初级状态。集群成长期，专业化企业数量迅速增加，技术的不确定性和隐性程度均有所下降，区位机会窗口（windows of locational opportunity）关闭，真正意义上的集群得以形成，受累积机制、择优连接机制的影响，网络"核心——

边缘"结构凸显。集群成熟期，技术知识编码化程度提高，地理邻近不再必要，由于集聚负外部性，部分企业开始退出，受制于技术相似、知识冗余、网络锁定，集群持续创新潜力下降。此后，若引入新技术、构建新网络，实现集群发展的路径创造则能迎来集群新生，否则，集群将会衰退直至消失。

表3-3　　　　　　　　　共同演化视角下的集群生命周期特征

生命周期	企业多样性	产业			网络	集群
		企业数	隐性程度	不确定性		
引入期	高	少	高	高	不稳定	空间集聚
成长期	提高	增加	高，但有所下降	高，但有所下降	趋于"核心—边缘"	集群显现
成熟期	降低	减少	低	低	网络锁定	集群锁定
衰退期	降低	减少	低	低	网络消失	集群消失
新生期	提高	少	高	高	不稳定	空间集聚

资料来源：Ter Wal 和 Boschma（2011）。

本书汲取生命周期思想，基于集群生命周期萌芽、成长、成熟、衰退的四阶段理论基础，形成集群创新网络格局演化的分析框架（图3-5）。

（1）集群生命周期萌芽阶段。

从集群生命周期特征来看，该阶段为企业空间集聚过程，集群规模较小，促进创新合作的机构缺乏，区域创新系统尚未形成，技术发展具有高度不确定性，技术知识以隐性知识为主，仅有少量创新。从集群创新网络格局来看，该阶段企业的创新能力尚且不足，主要源于已有的知识积累，由于企业间相互接触时间较短，对彼此的知识状态、信誉等缺乏了解，企业间的创新合作具有偶然性且创新合作强度较低；尽管产学研协同创新并未形成，但高校、研究所具备了一定的技术知识基础，成为创新网络核心主体；创新初期阶段，知识创造和交换的诸多过程是隐性的、空间黏性的，需要直接的和重复的面对面接触，集群企业受益于区域性的专业劳动力池、密切监视和学习竞争对手，本地尺度网络逐渐形成；创新网络结构相对均衡。

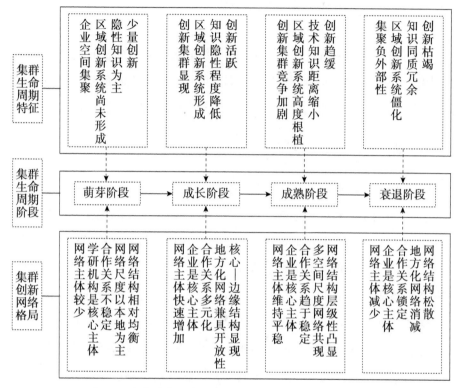

图3-5　生命周期视角下集群创新网络格局演化分析框架

（2）集群生命周期成长阶段。

集群规模扩大，创新集群逐渐显现，伴随高校、研究所、创新服务机构等进入，区域创新系统得以形成，技术知识隐性程度有所降低，技术创新机会较多，集群创新活跃。集群创新网络格局层面，网络主体快速增加，企业创新主体地位凸显，主体间信任增强，正式和非正式的产学研、产业链等多元化创新合作增多，集群增进了主体间的集体学习过程，本地化创新网络密集，择优连接机制下的集群创新网络呈现"核心—边缘"结构。

（3）集群生命周期成熟阶段。

集群规模趋于稳定，区域创新系统具有高度根植性，主体间技术知识异质性降低，创新趋缓。从集群创新网络格局来看，主体间形成了密集的、稳定的本地化创新合作，此外，新知识获取受到重视，集群网络具有一定的开放性，多空间尺度网络共现，网络结构层级性凸显。

（4）集群生命周期衰退阶段。

集聚负外部性日益显露，受区域创新系统僵化、技术创新瓶颈、知识同质冗余等因素的综合制约，集群创新日益枯竭。集群创新网络格局层面，网络规模缩小，合作关系锁定，知识共享益处减少，地方化网络消减，网络结构松散。

二、路径依赖与路径创造

路径依赖概念最早由古生物学家 Eldredge 和 Gould（1972）提出，意指物种进化过程中偶然性随机突变因素导致物种跳跃式进化的现象。经济史学家 David（1985）率先将路径依赖概念用于技术变迁分析，从技术相关性、规模经济、投资的准不可逆性等层面揭示了技术次优解决方案选择行为成为常态的现象；经济学家 Arthur（1989）将路径依赖用于技术创新分析，认为技术创新通过学习效应、网络外部性、规模经济、适应性预期等机制达到报酬递增；新制度学派代表者 North（1990）则用路径依赖理论阐释了经济制度变迁。由此，路径依赖成为经济学领域解释技术变迁、制度变迁的重要理论基础。依据历史发展对现在和未来发展的影响程度，路径依赖被分为低度路径依赖、中度路径依赖、高度路径依赖，积极的路径依赖、消极的路径依赖等类型（Roe，1996；Martin & Sunley，2006）。

路径依赖亦具有显著的经济地理学含义。德国经济地理学者 Grabher（1993）最早从政治锁定、认知锁定、功能锁定等层面分析了德国鲁尔区的衰落。经济地理学"演化转向"促使路径依赖理论广泛用于区域经济差异的持续存在、老工业基地的振兴发展、高新技术集群的形成和自我强化等区域经济发展问题的探讨。例如，宓泽锋等（2020）基于中国燃料电池产业的研究发现，本地知识基础的优势对新兴产业创新集群的形成具有积极作用，而创新集群的发展又使得本地知识基础进一步积累，路径依赖现象显著。Martin 和

Sunley（2006）则提出了区域经济中的"地方依赖"（place dependence）概念，强调报酬递增、网络外部性等路径依赖机制具有强烈的地方性。

路径依赖理论主张超越新古典经济学的均衡方法。从路径依赖演化模型（图3-6）来看，David和Setterfield的路径依赖演化模型在本质上依旧延续了均衡分析思想，认为路径依赖是间断均衡、暂时均衡、多重均衡的过程；Martin的路径依赖演化模型则批判了均衡思想，认为技术、产业和区域发展是开放的、远离均衡的历史过程。

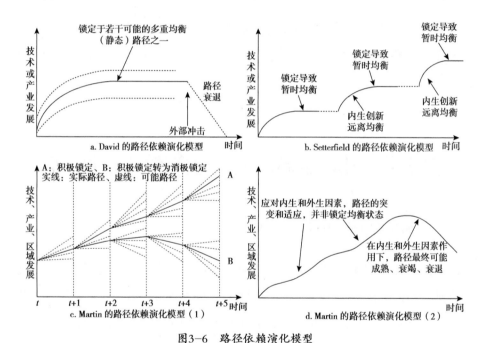

图3-6　路径依赖演化模型

资料来源：David（1985）；Setterfield（1997）；Martin和Sunley（2006）；Martin（2010）。

路径依赖理论具有较强的历史决定论倾向，尽管其蕴含了路径变化的过程，但却强调新路径的出现取决于偶然事件或外部冲击，缺乏对路径依赖能动性的重视，未给熊彼特式的创造性破坏留下空间。由此，Garud和Karnøe（2001）提出了路径创造理论，强调对原有路径有意识地偏离。Pham（2007）认为路径创造遵循技术决定、有意识偏离、实时影响、相互认可和依存、最小误解等准则；Schienstock（2011）认为路径创造包括与新技术—组织范式相关联的"新机会窗口"、具有前景的新业务和新市场、外生的社会—经济因素的压力、关键的变革性事件、主体改变事物的意志五个相互作用的模块。总体上，新路径的形成既可以是偶然的、意外的过程，例如，无法预料的外部冲击和随机事件打破原有路径，或者偶然事件触发拥有资本和经验的主体形成新的路径；也可以是有意的、战略性的过程，例如，主体通过搜寻机遇、重新配置资源、提高能力以奠定新增长的基础，或者通过干扰打破原有路径、转移区位解除锁定等。贺灿飞（2018）指出，中国区域产业演化具有路径依赖性，同时市场化、全球化和分权化的经济转型过程为区域产业发展创造了新路径，外部联系、制度安排、行为主体的战略性行为等促进了路径创造。

第三节　集群创新网络演化多维邻近性机理

一、多维邻近性内涵

邻近性概念起源于马歇尔的"产业区"理论，意指集群内部经济活动主体在地理空间上的共位（co-located）关系，即地理邻近性。学界对地理邻近与区域创新这一议题的高度关注始于20世纪70年代末至80年代初，"新产业区"现象的出现。伴随研究的深入，诸如企业共处同一区域但却极少互动、高创新能级企业的知识来源更加非本地化等地理邻近悖论的创新活动受到学者们重视（Mckelvey et al.，2003；Doloreux，2004）。单一维度的地理邻近性分析视角已难以对主体间交互学习、互动创新机理作出合理解释。鉴于此，20世纪90年代以来，在法国邻近动力学派和其他欧盟学者的共同推动下，邻近性概念由一维向多维拓展（图3-7）。

源于研究目的、研究视角的差异，学界形成了多种维度的邻近性概念，如地理邻近性、认知邻近性、社会邻近性、组织邻近性、制度邻近性、文化邻近性、战略邻近性、个人邻近性、关系邻近性、技术邻近性等（Bradshaw，2001；Schamp et al.，2004）。以Boschma（2005）为代表的演化经济地理学者试图对不同维度的邻近性概念进行整合，构建了由认知、组织、社会、制度、地理等维度构成的界定清晰的多维邻近性概念框架。

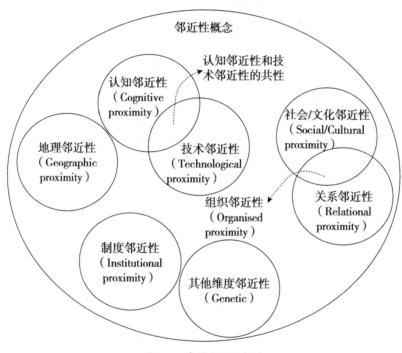

图3-7　多维邻近性概念

资料来源：Caragliu 和 Nijkamp（2016）。

其中，认知邻近性是指经济主体感知、诠释、理解和评估世界方式的相似性，相比于技术邻近性，其内涵更宽泛。一方面，新技术具有知识门槛，企业自身认知基础与新知识越相似，则越益于新知识的交流、理解和持续创新；另一方面，新技术蕴含着隐性知识，需要相似知识基础主体间的集体学习来促进消化吸收。组织邻近性概念源于交易成本理论，是指组织内或组织间共享同一组织安排的程度，强调了组织内的机构隶属性和组织间的结构相似性，适度的组织邻近有利于降低交易成本和制度成本。社会邻近性概念源于嵌入性研究，是指主体间社会嵌入性关系的远近程度，强调了社会关系根植性对于培育信任、减少机会主义行为的重要作用。制度邻近性是指主体间受同一习惯、惯例、既定做法、规则、法律等正式和非正式制度环境影响、塑造或约束的程度。地理邻近性是指主体间空间距离、时间距离的远近，暗含主体间无须昂贵成本而能实现面对面交流的程度。鉴于本书创新网络形成与演化机制分析并未涉及制度环境差异较大的全球尺度合作，故而仅探讨地理、认知、社会、组织等维度邻近性的影响机制。

二、不同维度邻近性的影响机制（图3-8）

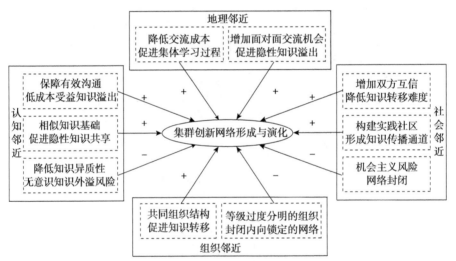

图3-8　多维邻近性对集群创新网络形成与演化的影响机制

注："+"表示积极效应，"—"表示消极效应。

（1）地理邻近性与创新网络。

地理邻近性主要通过降低交流成本和增加面对面交流机会等途径促进创新网络形成与演化。由于知识和技术溢出效应呈现显著的距离衰减规律，地理邻近的优势在于可以通过频繁的正式和非正式的交流机会来促进集体学习过程，成为创新合作的重要驱动力（Hoekman et al., 2008；党兴华、弓志刚，2013）。

伴随信息通信技术的发展和知识编码化程度的提高，地理邻近对于创新合作的重要性受到质疑。例如，Bunnell和Coe（2001）认为，相比于地理邻近性，认知、组织等其他维度邻近性对于交互学习与合作创新更为关键，由此提出了"去地域化邻近性"概念；Cairncross（2001）则提出了"地理距离死亡论"；Torre和Rallet（2005）研究认为，合作创新过程中的面对面交流需求可通过个体流动的方式，以博览会、研讨会、商务旅行等形式构建的临时性地理邻近来满足。

事实上，创新合作对于地理邻近性的需求因产业知识基础和生命周期阶段而异，对于技术知识复杂度高以及处于技术生命周期萌芽阶段的产业而言，由于知识隐性程度较高，基于地理邻近的面对面交流仍然至关重要（Balland et al.，2013；吕国庆等，2014）。伴随技术生命周期的成熟，行业知识基础逐渐被编码化，可以预期网络关系的地理距离会随着时间的推移而增加（Menzel & Fornahl，2010）。Ter Wal（2014）对德国生物技术产业发明者网络演化的研究发现，三元关系促进形成远距离的协作关系，地理邻近的本地网络对集群创新的重要性减弱，远距离的外部网络发挥越来越重要的作用。总体上，尽管地理邻近并非创新合作的充分必要条件，但地理邻近有助于构建和增强其他维度邻近性，进而促进创新合作（Boschma，2005；孔翔等，2017）。基于上述分析，本书提出如下研究假设。

H2a：地理邻近能够促进中国电子信息产业集群创新网络形成与演化；伴随集群生命周期的演进，地理邻近的作用有所减弱。

（2）认知邻近性与创新网络。

创新是以新观念和新方法整合异质性、互补性知识产生新奇事物的过程，认知邻近是创新主体间高效地进行知识交流的必要条件。首先，认知邻近能够保障创新主体间的有效沟通，从而低成本地受益于知识溢出，相反，若认知距离过大则会增加合作成本，不利于创新网络的形成与演化（Callois，2008）。其次，认知邻近是影响隐性知识共享的关键因素，一方面，知识基础相似性程度影响创新主体对于非编码化和复杂化的技能、技巧、诀窍的理解与掌握；另一方面，认知邻近有助于创新主体科学评估隐性知识的价值，进而促进协同创新（Balland et al.，2016）。最后，适度的认知差异有助于新知识的获取，进而激发创新合作，相反，过度的认知邻近则会降低主体间的异质性并导致技术锁定，另外也会带来无意识知识外溢的风险，对创新主体间合作造成消极影响（Nooteboom et al., 2007）。据此，提出如下研究假设。

H2b：认知邻近能够促进中国电子信息产业集群创新网络形成与演化；伴随集群生命周期的演进，认知邻近的作用有所增强。

（3）社会邻近性与创新网络。

社会邻近性能够促进知识溢出，强化创新网络形成与演化的路径依赖趋势。创新主体间已有的社会嵌入关系和共同经历增进了双方互信，降低了隐性知识转移与吸收的难度，有助于复杂性或敏感性知识的交流，因而，基于信任机制的社会关系常优于匿名或新增关系，社会邻近的主体之间更易于形成创新合作（Inkpen & Tsang, 2005; Broekel & Boschma, 2012）。此外，依托已有社会关系构建的实践社区，能够提供有用的、可靠的创新合作伙伴信息，并形成知识传播与交流的通道，Agrawal等（2006）研究发现发明者的工作经历与知识流动模式具有内在关联，社会关系强化了创新合作的路径依赖。然而，过度社会邻近不仅会致使机会主义风险被低估，还会将创新主体锁定在既定的社会网络之中，创新网络趋于封闭，不利于主体间的知识流动与创新合作（李琳、雒道政，2013）。据此，提出如下研究假设。

H2c：社会邻近能够促进中国电子信息产业集群创新网络形成与演化；伴随集群生命周期的演进，社会邻近的作用有所增强。

（4）组织邻近性与创新网络。

组织安排是协调主体间交易的机制，也是保障信息、知识、技术在充满未知性和不确定性的环境里转移和交换的载体（Cooke & Morgan, 1999）。鉴于知识的创造需要对多方主体所拥有的知识片段进行整合，会涉及组织内或组织间的不同成员；此外，通过市场机制、合同等无法解决技术发展方向的不确定性、知识创新过程中的机会主义行为。故而，基于组织安排的强有力的控制机制能够保障所有者权利并激励创新。然而，过度组织邻近则会对互动学习与合作创新产生消极影响。等级极端分明的过度组织邻近存在被锁定在既定创新合作关系、导致组织内和组织间的创新合作趋向于封闭的、内向锁定的网络以及创新所需的灵活性的丧失等风险。据此，提出如下研究假设：

H2d：组织邻近能够促进中国电子信息产业集群创新网络的形成与演化。

三、多维邻近性的交互作用

（1）地理邻近性、认知邻近性交互作用与创新网络。

地理邻近本身虽不涉及认知邻近，但却会对主体间认知水平的差异造成影响。首先，地理邻近有助于面对面交流，促进隐性知识共享，进而提高创新主体间认知水平的相似程度；其次，地理邻近下产生的共同语言、相似编码方式、相同文化与习惯等是界定认知社区的基础。认知邻近虽不能直接改变地理邻近程度，但可凭借相似的认知水平克服地理邻近的不足。受产业类型、创新所处生命周期阶段以及主体间邻近性程度等因素影响，地理邻近与认知邻近在创新网络形成与演化过程中的交互作用既可能是互补性的，也可能是替代性的。

（2）地理邻近性、社会邻近性交互作用与创新网络。

地理邻近有助于创新主体间进行社会交往，提高社会邻近性水平，进而增强主体间基于信任机制的知识溢出和创新合作，推动创新网络的形成与演化。过度地理邻近则会造成知识与技术锁定于区域内部，而社会网络中的成员可通过松耦合网络组织与外部知识源建立联系，通过社会邻近来避免过度地理邻近所导致的空间锁定效应，促进不同空间尺度知识流动和创新合作（Asheim & Isaksen，2002）。在知识溢出过程中，社会邻近能够强化地理邻近所产生的本地化效应，增进互信并促进交流（Singh，2005）。此外，地理邻近和社会邻近对于创新网络形成与演化也可能存在一定的替代效应，社会邻近能扩展集群的地理边界，社会邻近时"临时性地理邻近"就可以替代"永久性地理邻近"，从而削弱对地理邻近的依赖。

基于多维邻近性交互作用对创新网络形成与演化作用机制的分析，本书提出如下研究假设：

H3a：地理邻近和认知邻近对中国电子信息产业集群创新网络的形成与演

化的交互作用显著；

H3b：地理邻近和社会邻近对中国电子信息产业集群创新网络形成与演化的交互作用显著。

第四节 本章小结

本章研究的重点在于形成集群网络"格局演化—演化路径—演化机制"的理论解析框架。首先，整合新区域主义、全球生产网络、关系经济地理等学派有关创新网络空间模式的探讨，通过理论推演，并结合实地调研资料，提出集群创新网络模式这一待验假设；其次，基于集群生命周期萌芽、成长、成熟、衰退的四阶段理论基础，从网络"主体—关系—尺度—结构"维度来分析集群创新网络格局演化；再次，立足于演化经济地理学的路径依赖与路径创造机制，理解集群创新网络演化路径；最后，梳理创新合作的邻近性机制，提出多维邻近性对集群创新网络形成与演化影响的研究假设。总体上，本书理论分析框架如图3-9所示。

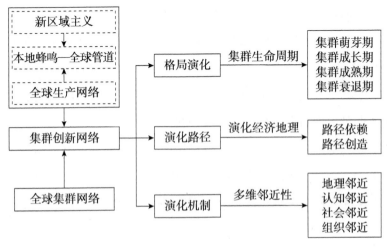

图3-9 集群创新网络演化研究理论分析框架

第四章
中国电子信息产业演化特征与集群类型

中国电子信息产业是国家智能制造发展战略的核心基础产业，突破"大而不强"困境、攻克"缺芯少魂"瓶颈的迫切性与重要性不言而喻。在技术创新网络范式背景下，推进中国电子信息产业创新发展的关键是挖掘合作创新网络形成与演化的规律。本章力图在明晰中国电子信息产业发展历程以及产业空间格局与产业技术创新演化特征的基础上，科学识别中国电子信息产业集群，划分产业集群类型和生命周期阶段，旨在为后续不同类型、不同生命周期阶段集群创新网络演化的经验研究做好铺垫。

第一节　中国电子信息产业发展与技术创新的演化特征

一、产业发展历程

1. 封闭式的曲折起步阶段（1949—1978 年）

中国电子信息产业发端于中华人民共和国成立之初，从通信设备行业起步。旧中国的官僚买办资本电信企业主要是从国外进口原材料和元器件进行装配和维修。1949 年 7 月，中国人民革命军事委员会电信总局工业管理处成立；1950 年 5 月，电信工业局成立，隶属于重工业部，由中央军委通信部代管，新中国电子信息产业由此诞生。

面对西方国家的封锁禁运，重要原材料和关键元器件严重短缺以及国内产业基础薄弱的双重困境，中国电子信息产业以满足军工、服务军事和政治为主要目标，集中力量开展骨干工厂建设以及电子科学研究和教育事业建设。该阶段，中国电子信息产业由政府主导，实现从无到有、在曲折中起步，初步建立起军事电子装备、生产资料类电子产品、消费类电子产品、整机与基础产品综合发展的电子信息产业体系。但是，封闭的发展环境使得中国电子信息产业与世界市场脱轨，除了从苏联和民主德国援建的工程项目中吸收有限技术，几乎没有与其他国家尤其是电子信息产业强国对话的机会，致使中国与世界先进电子信息技术处于隔绝状态，拉大了中国电子信息产业与发达国家的差距。

2. 嵌入全球生产网络的引进创新阶段（1979—1999 年）

改革开放以来，中国电子信息产业通过"三来一补"、引进外资、OEM（Original Equipment Manufacturer）等途径，将基础生产制造业务领域融入国际市场，嵌入全球生产网络，实现对海外先进企业技术诀窍和制造经验的学习及积累，初步呈现出技术引进基础上的国际化学习特征。

改革开放初期，中国经济特区和沿海开放城市的电子信息企业利用区位优势以及劳动力、土地等生产要素的成本优势，采取来料、来样加工和来件装配的方式与国外企业产生贸易往来。1981—1990 年，进出口贸易额由 0.91 亿美元增加至 89.33 亿美元，以间接方式初步实现了与国际市场的接轨。20 世纪 90 年代，全球电子信息产业的第二次转移以及邓小平南巡讲话等为大量外资进入提供了机遇，同时中国电子信息产业转变为"以市场换技术、加工制造为主"参与全球分工。在 OEM 代工和基础零部件配套的过程中，中国电子信息企业以"干中学"的方式进行技术吸收和模仿创新，解决了外围、辅助技术问题，实现了生产工艺的改进，为中国电子信息企业的创新发展奠定了技术基础，并形成了良好的国际市场关系，为创新"走出去"营造了合作氛围。

3. 融入国际市场的集成创新阶段（2000—2008 年）

2000 年国务院印发《鼓励软件产业和集成电路产业发展的若干政策》（国发〔2000〕18 号），鼓励国内企业充分利用国际、国内两种资源，努力开拓两个市场；2001 年中国加入世界贸易组织（WTO），中国电子信息企业不再停留在海外的制造装配中心，开始谋求实施制造导向的海外收购和整合，通过与外部合作者建立创新伙伴关系，或在海外建立生产制造基地等途径，中国电子信息企业逐步融入国际市场，进入技术集成型创新阶段。

例如，联想通过收购 IBM 笔记本电脑业务，将海外前端技术与自身技术基础进行集成，进而实现技术赶超。2003 年联想对企业战略进行调整，决定回归个人计算机（PC）主业，并确定企业国际化发展方向。面临国际上戴尔、惠普等行业巨头以及国内众多中小品牌的双重竞争，联想通过收购IBM，成为全球第三大PC企业，形成了产品、技术和运营等方面的协同创新效应；尤其是借助于IBM的品牌效应，联想获得了与国际PC技术巨头联合研发、深入学习的机会，逐步在协同创新过程中检验、修正、提升技术。此外，收购之后联想拥有了位于北京、日本、美国北卡罗来纳州的三家研发中心以及位于深圳的ThinkPad工厂，也成为万名前IBM员工的雇主。总体上，通过并购手段，联想获取了丰富的技术研发资源、技术研发基础设施以及高端人才资源，促使其创新能力快速提升。

4. 全球—地方联结的自主创新阶段（2009年至今）

随着国家对于信息安全的重视以及政府和社会对电子信息产业的投资增加，自2009年《电子信息产业调整振兴规划》出台以来，中国电子信息产业立足于提高自主创新能力、增强在国际市场的竞争力和话语权，呈现出"全球—地方"联结的开放式自主创新模式。

得益于内外因素的有机协同，中国电子信息企业快速成长，一批领军企业在金融危机后"走出去"，海外投资速度提升，并基于前期技术积累开始寻求在海外建立研发中心，逐步实现以中国企业为主导的高端市场开拓和高端技术研发。该阶段，白色家电产业的海尔、视频监控产业的海康威视、通信设备制造业的中兴和华为等电子信息产业领军企业初步实现创新技术和自主品牌的海外输出。另外，伴随经济全球化程度的提高，发达国家跨国公司逐渐改变以母国为技术研发中心、以海外为生产中心的传统布局，开始关注新兴经济体在人才、科技实力和科研基础设施等层面的快速崛起，积极促成与新兴经济体的企业在科研机构设立以及新产品、新技术研发等方面的创新合作。

二、产业特征的普遍性与特殊性

产业特征决定产业创新的发展规律与模式选择，分析产业特征有助于深化对产业创新格局、路径与机制的理解。中国电子信息产业在全球电子信息产业转移的背景下实现了跨越式发展，既具有技术密集、全球化程度高以及空间集聚等全球电子信息产业的普遍性，又具有外资集中和价值链低端锁定等中国电子信息产业的特殊性，使其成为研究开放式创新背景下多集群多尺度创新网络演化与升级的典型产业。

1. 技术密集型产业

电子信息产业是技术密集型产业，具有高研发和高创新的特征。依照OECD制造业技术划分标准，电子信息产业属于高技术产业。R&D投入和专利数量作为判定技术密集型产业的重要指标，从R&D投入来看，《OECD数字经济展望2017》显示，2015年OECD成员国信息和通信技术（ICT）产业R&D投入占工业R&D投入、GDP的比重分别为24%、0.4%，是R&D投入强度最高的产业（OECD，2017）。从图4-1中可以看出，2015年中国和OECD成员国ICT产业R&D投入强度存在差异。有15个经济体ICT产业R&D投入占工业R&D投入的20%以上，其中，中国台湾R&D投入强度最高（占工业R&D投入的74.81%、占GDP的1.77%），韩国（52.89%、1.74%）、芬兰（50.95%、1.09%）次之，中国大陆为13%、0.26%。从细分行业来看，中国台湾、韩国、芬兰、瑞典、日本、新加坡、德国、瑞士、奥地利以及中国大陆等经济体R&D投入主要集中在ICT制造领域，以色列、美国、爱尔兰、挪威、爱沙尼亚、法国等经济体R&D投入主要集中在ICT服务领域。

从专利数量来看，ICT产业在技术创新活动中处于领先地位（图4-2）。2012—2015年，来源于欧洲专利局（EPO）、日本专利局（JPO）、韩国知识产权局（KIPO）、中国国家知识产权局（SIPO）和美国专利商标局（USPTO）的全球专利申请数量为90余万项，其中ICT产业专利申请数量约占37%，相比2002—2005年提升2%，可见ICT产业极具创新性。中国大陆ICT产业专利占比最高（60.15%），其余依次为韩国（57.46%）、中国台湾（54.66%）、印度（49.81%）。中国大陆ICT产业创新活动主要集中于信息传输设备、高速网络、图像和视听技术、移动通信等技术领域。

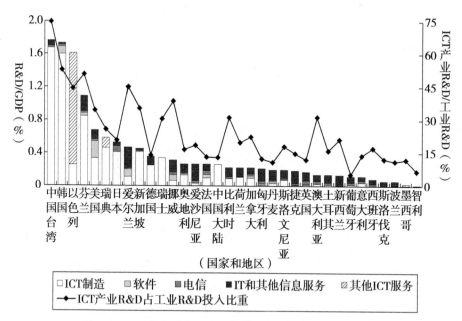

图4-1　2015年中国与OECD成员国ICT产业R&D投入强度

资料来源：《OECD Digital Economy Outlook 2017》。

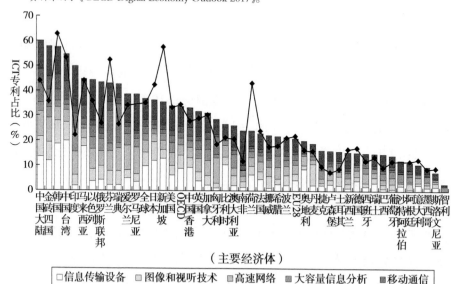

图4-2　2012—2015年全球主要经济体ICT产业专利申请数量占比

注：研究对象为2012—2015年专利申请数超过150项的经济体。其中，罗马尼亚、智利和沙特阿拉伯的2002—2005年ICT产业专利申请数量占比数据缺失。

资料来源：《OECD Digital Economy Outlook 2017》。

2. 全球化程度高

电子信息产业是全球化程度极高的产业之一，无论是其生产网络、贸易网络还是创新网络都具有显著的全球化特征。从生产网络来看，童昕和王缉慈（1999）分析了美国硅谷—中国台湾新竹—广东东莞个人计算机（PC）产业全球生产网络中的知识流动、积累与创新；卢明华和李国平（2004）研究指出，电子信息产业研发、采购、生产、销售、服务等价值创造环节或集聚或分散于全球地理空间，全球生产网络逐渐形成；Liu等（2004）以移动通信设备产业为主导的星网工业园为例，探讨了全球生产联系；文嫣和曾刚（2005）以嵌入生产者驱动型全球价值链的上海浦东集成电路（IC）产业为例，探讨了全球领先公司治理行为对地方产业网络升级的影响；李健等（2008）研究认为，计算机产业的全球生产网络已基本形成，价值链环节呈现碎片化，在全球尺度下进行合作与竞争，形成了动态权力阶层模式。

与全球生产网络相伴而生的是全球贸易网络，《OECD数字经济展望2017》显示，2000—2015年全球ICT产业进出口贸易额占贸易总额的比重相对平稳，受金融危机影响，出现小幅波动，但始终维持在10%以上的较高水平，是全球贸易额极高的产业部门之一（图4-3）。高波阳和李俊玮（2017）研究发现，1993—2012年全球电子信息产业贸易经历由"单极化"向"多极化"的演变历程，呈现跨国域、跨洲域的网络模式。

中国作为全球最大的电子信息产品进出口国家，2005—2019年中国电子信息产业进出口联系格局（表4-1）显示，贸易网络的全球化程度逐步提高，贸易强度的区域差异显著。2005年，中国电子信息产业出口和进口贸易额分别为2682亿美元和2206亿美元，分别涉及153个和105个经济体；2015年，出口和进口贸易额分别为7811亿美元和5277亿美元，分别涉及198个和177个经济体；2019年，出口和进口贸易额分别为8224亿美元和5885亿美元，分别涉及228个和203个经济体。中国香港、美国、韩国、日本、荷兰、中国台

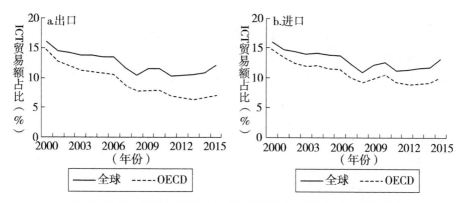

图4-3 2000—2015年全球与OECD成员国ICT产业进出口贸易状况

资料来源：《OECD Digital Economy Outlook 2017》。

湾等经济体成为出口网络的核心节点，韩国、中国台湾、日本、马来西亚、美国等经济体成为进口网络的核心节点。

表4-1　　　　2005—2019年中国电子信息产业进出口联系格局　　单位：亿美元

排名	2005年				2015年				2019年			
	出口地	出口额	进口地	进口额	出口地	出口额	进口地	进口额	出口地	出口额	进口地	进口额
1	中国香港	695	中国台湾	398	中国香港	2166	韩国	1077	中国香港	1867	中国台湾	1336
2	美国	611	韩国	359	美国	1444	中国台湾	1040	美国	1451	韩国	970
3	日本	222	日本	323	韩国	444	日本	508	韩国	4474	日本	561
4	荷兰	152	马来西亚	139	日本	443	马来西亚	352	日本	4188	马来西亚	409
5	德国	151	菲律宾	118	荷兰	320	美国	246	荷兰	3654	越南	355
6	韩国	96	美国	107	中国台湾	231	德国	140	中国台湾	3051	美国	263
7	新加坡	84	新加坡	85	德国	224	泰国	138	越南	3051	泰国	175
8	中国台湾	67	泰国	70	新加坡	185	菲律宾	132	德国	2369	菲律宾	140

续表

排名	2005年				2015年				2019年			
	出口地	出口额	进口地	进口额	出口地	出口额	进口地	进口额	出口地	出口额	进口地	进口额
9	英国	59	中国香港	48	印度	166	越南	122	印度	2297	德国	137
10	马来西亚	53	德国	37	英国	145	新加坡	117	新加坡	1776	新加坡	135

资料来源:《中国电子信息产业统计年鉴2005—2019》。

从创新网络来看,通过在全球卓越中心建立海外研发中心、与国际一流企业和高校研究所合作,依托人才流动以及国际行业协会和国际产业技术创新联盟等全球性产业组织,电子信息产业全球创新网络逐渐形成。例如,Saxenian(2007)分析了基于人才对流形成的美国硅谷—中国台湾新竹—上海张江之间的PC产业全球创新网络;Cooke(2013)以手持终端设备制造业全球创新网络为例,分析了区域创新系统与全球创新网络之间的互动关系;司月芳等(2016)研究发现,华为通过建立海外研发中心以及跨境产学研合作的途径进行技术搜索和技术研发,构建起全球创新网络。

3. 空间分布集聚

技术密集型产业倾向于地理集中分布(Cooke et al.,2007),电子信息产业作为技术密集型产业,其空间分布呈现高度集聚特征(Huber,2012)。依据Asheim(2007)和Martin(2013)对产业知识基础的划分,电子信息产业以缄默化、需要面对面交流的隐性知识为主,知识主要来源于国家或区域尺度网络中供应商和客户之间的交流以及实践社区,因而集群成为电子信息产业发展的主要空间载体。纵观全球电子信息产业空间格局,高度集中在少数集群区域,如美国硅谷和128公路、日本筑波、中国台湾新竹、以色列特拉维夫以及印度班加罗尔等电子信息产业集群。高菠阳(2012)和胡绪华和徐骏杰（2017）研究指出，中国电子信息产业主要集聚于环渤海、长三角、珠三角、长江中游以及成渝等集群区域。

4. 外商投资集中

20世纪90年代，伴随电子信息产业跨国公司在全球范围内的战略性和结构性调整，劳动密集型的生产环节逐渐向发展中国家转移。中国凭借土地、劳动力成本低廉和市场潜力巨大的优势，成为全球电子信息产业转移的主要承接地，中国电子信息产业外商投资尤为集中（贺灿飞、肖晓俊，2011）。工信部发布的数据显示，2004—2014年中国电子信息产业以外资为主导，港澳台资和外资企业的资产与销售收入占比始终维持在50%以上的水平，直至2015年内资企业的主导地位才初步显现（图4-4）。然而，跨国企业的进入更多考虑的是降低生产成本和开拓新市场，与本地企业合作时会对关键核心技术流出实行严格控制，以维护其在本地和全球市场的地位（文嫣、曾刚，2005）。例如，美国对销往中国的光刻设备等半导体高端制造设备实行严格的技术封锁。

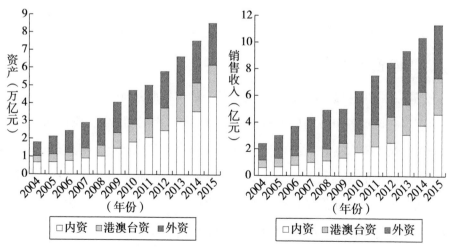

图4-4　2004—2015年中国电子信息产业内外资企业资产与销售收入状况

资料来源：《中国电子信息产业统计年鉴2004—2015》。

5. 价值链低端锁定

电子信息产业是价值链功能高度空间分离的典型产业之一，其价值链的全球空间格局呈现金字塔结构。欧美国家拥有品牌优势，负责标准制定、产品研发和系统集成，控制着关键技术、核心产品和新产品的研发与生存，占据价值链高端环节；日本作为全球电子信息产业第二强国，具备较强的研发能力和精湛的生产工艺，其消费电子行业在全球占据绝对优势，微电子、光电子、计算机等行业仅次于美国；韩国、新加坡以及中国台湾地区处于产业价值链中端环节，通过技术积累，逐步发展成为集成电路和关键元器件、高端产品和新产品的生产基地；中国等发展中国家则基于劳动力比较优势，主要从事一般元器件生产、整机加工和组装，处于价值链低端环节（卢明华、李国平，2004）。例如，2012年OECD发布的数据显示，苹果公司每部iPad的利润达150美元，占销售价格的30%，作为其主要零部件供应产地的韩国所获利润为34美元，而作为其产品生产基地的中国所获利润仅为8美元。价值链的低端锁定致使中国电子信息产业技术对外依存度高达60%以上，远高于美国和日本（约为5%）等电子信息产业强国（蔡勇志，2013）。

三、产业空间格局演化

1. 重心模型构建

"重心"这一概念源于力学，是指某一物体各部分所受重力产生的合力的作用点，在该点各个方向的力量保持相对均衡，其位置取决于不同重量质点的分布状况（陈志刚等，2007）。为明晰中国电子信息产业空间分布的动态演化，本书运用重心模型（Gravity Center Model），选取主营业务收入、利润总额、从业人员等产业发展指标，测算产业重心的转移距离和转移方向。借鉴力学原理，构建产业重心模型如下：假设某一区域由 n 个子区构成，第 i 个子区的中心坐标为 (x_i, y_i)，m_i 为该子区某一产业属性意义下的"重量"，则该属性意义下的区域重心坐标可以表示为：

$$X = \sum_{i=1}^{n} m_i x_i \bigg/ \sum_{i=1}^{n} m_i \qquad\qquad (4-1)$$

$$Y = \sum_{i=1}^{n} m_i y_i \bigg/ \sum_{i=1}^{n} m_i \qquad\qquad (4-2)$$

式中，X、Y 分别为重心坐标的纬度、经度值；x、y 分别为各省（市、区）行政中心的纬度、经度值；m 表示各省（市、区）的产业属性值；i 为不同区域；n 为区域总数。

为量化不同年际产业重心的转移强度，引入重心转移距离测算公式：

$$D_{st} = r \times \sqrt{(X_s - X_t)^2 + (Y_s - Y_t)^2} \qquad\qquad (4-3)$$

式中，D 表示年际重心转移距离（km）；s、t 代表不同年份；(X_s, Y_s)、(X_t, Y_t) 分别为 s 年、t 年产业重心的地理坐标（纬度值和经度值）；r 为常数，是距离单位转换系数，取值为 111.111。

为衡量产业重心的变化方向，引入重心转移方向测算公式：

$$O_{st} = \arctan\left(\frac{X_s - X_t}{Y_s - Y_t}\right), \quad Y_s > Y_t \qquad\qquad (4-4)$$

$$O_{st} = \pi + \arctan\left(\frac{X_s - X_t}{Y_s - Y_t}\right), \quad Y_s > Y_t \qquad\qquad (4-5)$$

式中，O 表示重心转移向量与正东方向的夹角，取值范围为 $\left(-\frac{\pi}{2}, \frac{3\pi}{2}\right)$，当 $O \in \left(\frac{\pi}{2}, 0\right)$、$O \in \left(0, \frac{\pi}{2}\right)$、$O \in \left(\frac{\pi}{2}, \pi\right)$、$O \in \left(\pi, \frac{3\pi}{2}\right)$ 时，表示重心转移方向分别为东南、东北、西北、西南。

本书对 1978—2015 年中国规模以上电子信息产业（包括电子信息制造业、软件业）主营业务收入、利润总额、从业人员的重心演化轨迹进行分析。研究区域为中国 31 个省（市、区）级行政单元，未包含港澳台区域，同时由于西藏电子信息产业统计数据缺少，也未将其纳入本书研究范围。数据来源于《中国电子信息产业统计（1949—2009）》，2005—2015 年《中国电子信息产业统计年鉴（综合篇）》和《中国电子信息产业统计年鉴（软件篇）》。其中，2012 年之后的中国电子信息产业从业人员指标数据缺少，因而仅对 1978—

2012年从业人员的重心转移进行分析。另外，海南于1988年建省、重庆于1997年建直辖市，省、直辖市建制前的数据缺失。

2. 产业重心位置与转移特征

依据重心坐标计算结果，借助ArcGIS软件，绘制中国电子信息产业主营业务收入、利润总额、从业人员的重心空间演化轨迹（图4-5）。分析发现，①从空间位置来看，中国电子信息产业重心呈现东向偏离几何重心。中国31个省（市、区）级区域几何重心的地理坐标为（33°29′10″N，112°37′28″E），位于河南省南阳市东北部。以区域几何重心为参照，1978—2015年中国电子信息产业主营业务收入、利润总额、从业人员的重心位置均位于几何重心的东部，表明中国东部地区电子信息产业集聚程度高、集聚效应明显、吸纳就业能力强。②从演化轨迹来看，中国电子信息产业重心转移具有阶段性特征。1978—1999年，产业重心以南移为主，受改革开放政策以及20世纪90年代全球电子信息产业第二次转移浪潮等因素的综合影响，珠三角、长三角发展成为中国重要的电子信息产业集群区域；2000年以来，产业重心呈现西移、北移态势，由于东部沿海地区要素成本上升，中西部地区通过承接东部地区电子信息产业转移，逐渐成为新的电子信息产业增长中心。

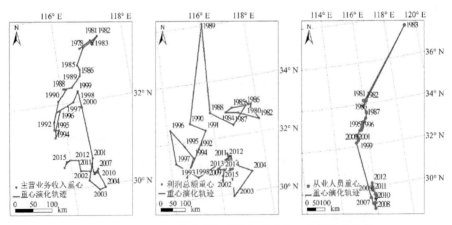

图4-5 1978—2015年中国电子信息产业重心空间演化轨迹

资料来源：《中国电子信息产业统计（1949—2009）》《中国电子信息产业统计年鉴2005—2015》。

　　年际重心转移距离测算结果（图4-6）显示，中国电子信息产业市场规模的空间格局相对稳定，盈利能力的空间格局变化相对较大，吸纳就业能力的空间格局变化居中。1978—2015年，反映市场规模的主营业务收入指标的年均重心转移距离为30.79km，反映盈利能力的利润总额指标的年均重心转移距离为83.33km；1978—2012年，反映吸纳就业能力的从业人员指标的年均重心转移距离为55.99km。其中，利润总额在1988—1990年，从业人员在1982—1984年和2001—2002年出现较大距离转移。

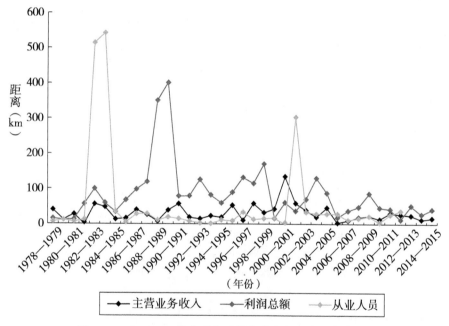

图4-6　1978—2015年中国电子信息产业年际重心转移距离

资料来源：《中国电子信息产业统计（1949—2009）》《中国电子信息产业统计年鉴2005—2015》。

　　中国电子信息产业年际重心转移方向雷达图（图4-7）显示，南移是产业重心转移的主导方向。1978—2015年，主营业务收入有8个东南向、8个东北向、5个西北向、16个西南向重心转移，利润总额有9个东南向、9个东北向、8个西北向、11个西南向重心转移，从业人员有8个东南向、10个东北向、3个西北向、13个西南向重心转移。转移方向由以东南/东北向为主到以西南/西北向为主的转变，体现了中国电子信息产业空间格局演化的阶段性特征。改革开放之后，深圳、东莞等地通过"三来一补""大进大出"的生产贸易方式，快速成长为中国电子信息产业外向度最高的集聚区；20世纪80年代初，伴随科技体制改革，北京海淀区的知名高校和科研院所衍生出一批高科技企业，形成"中关村电子一条街"，北京电子信息产业集群得以诞生，并带动天津、河北、山东等环渤海区域电子信息产业的发展；21世纪初期，长三角地区通过承接日、韩以及中国台湾等地的产业转移，并依托区域创新资源、金融服务等优势，形成以集成电路、计算机、通信设备等为主导的电子信息产业集聚区；金融危机之后，中国电子信息产业向内陆转移，中西部地区的中心城市基于三线建设时期的产业基础，逐渐形成以军工电子、光电子、通信设备等为主导的新兴电子信息产业中心（高波阳，2012；胡绪华、徐骏杰，2017）。

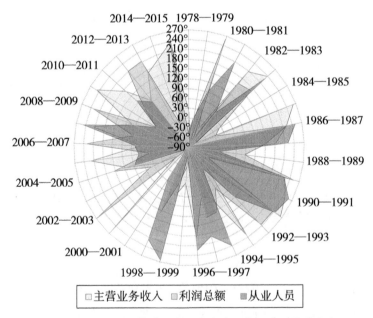

图4-7　1978—2015年中国电子信息产业年际重心转移方向

资料来源：《中国电子信息产业统计（1949—2009）》《中国电子信息产业统计年鉴2005—2015》。

四、产业技术创新演化

1. 数据来源与处理

创新作为世界经济持续增长的动力来源，科学测度创新是开展创新经济学研究的前提。纵观已有研究，学者们尝试用专利、论文、新产品产值、研发支出、全要素生产率等指标对创新进行了直接和间接量化（赵建吉、曾刚，2009；Ratanawaraha & Polenske，2007）。其中，专利是世界上最大的技术信息源（Hall & Rosenberg，2017），世界知识产权组织（WIPO）报告显示，全球90%～95%的研发产出包含在专利中，其余体现于科学文献（论文、出版物）（Liu & Yang，2008）。专利文献具有公开性、及时性、内容翔实、易于不同产业与空间比较等优点，成为研究技术创新活动的重要数据源（Ter Wal，2013）。相比于实用新型和外观设计专利，发明专利代表着原创技术，更能反映技术创新成果（Zhang et al.，2014）。加之，电子信息产业高度重视知识产权活动，专利被视为衡量该产业技术创新的重要指标。因此，本书选取中国国家知识产权局（CNIPA）重点产业专利信息服务平台（http://chinaip.cnipa.gov.cn/）公布的发明专利数据来分析中国电子信息产业技术创新的动态演化。

中国国家知识产权局于1985年开始受理专利申请，考虑到国内专利申请的公布需要18个月，为获取最新和最完整的专利文献，研究提取了1985—2015年中国大陆31个省（自治区、直辖市）申请的发明专利数据。检索项设置如下：申请日 =19850101:20151231AND国省代码 =（11 or 12 or 13 or 14 or 15 or 21 or 22 or 23 or 31 or 32 or 33 or 34 or 35 or 36 or 37 or 41 or 42 or 43 or 44 or 45 or 51 or 52 or 53 or 54 or 61 or 62 or 63 or 64 or 65 or 66 or 85）AND文献类型 =（PUB）AND发明类型 =（"I"）AND语种 =（CN）。CNIPA专利数据主要包括时间信息（申请日、公开/公告日）、主体信息（申请/专利权人、发明/设计人）、技术信息（主分类号、分类号）、区域信息（国省代码、地址）、基本信息［名称、申请号、公开（公告）号、专利代理机构、代理人］等。鉴于CNIPA对专利的区域划分是基于第一专利权人的地址信息（由邮编、省、市、区县及街道等信息构成），若非第一专利申请人为个人，则其所属城市难以判别，故删除专利申请人均为个人或个人与机构的专利，最终获得942725项申请发明专利，其中独立申请发明专利835355项，合作申请发明专利107370项（图4-8）。

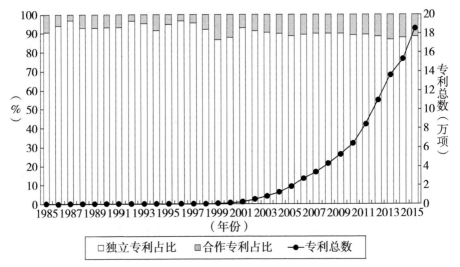

图4-8　1985—2015年中国电子信息产业独立与合作发明专利申请数量
资料来源：中国国家知识产权局重点产业专利信息服务平台（http://chinaip.cnipa.gov.cn/）。

　　专利的技术分类号信息是分析专利技术结构的重要指标。CNIPA专利的技术分类采用国际通用的专利文献分类标准，即国际专利分类（International Patent Classification，IPC）。IPC按照"部—大类—小类—大组—小组"的分类体系进行专利技术划分，最新版的IPC分类体系包括8个部、131个大类、642个小类、7461个大组、66454个小组。[①]为刻画中国电子信息产业创新的技术结构及演化，研究运用技术相似性指数进行定量分析。技术相似性概念由Griliches（1979）提出，是表征个体之间在技术空间维度上相似程度的重要指标，侧重刻画个体之间知识结构的相似性或技术空间向量的差异性。Jaffe

---

①　http://www.wipo.int/classifications/ipc/en/ITsupport/Version20180101/transformations/stats.html

（1998）在此基础上提出了技术相似性指数，用企业间技术向量的重叠性（即技术向量夹角的余弦值）来测度企业间技术相似度。本书基于不同年份中国电子信息产业发明专利信息，按照IPC"部—大类—小类"的分类体系对发明专利数据进行技术类型划分，进而计算年际专利技术结构的相似系数。技术相似度计算公式为：

$$CP_{st} = \frac{\sum\limits_{f=1}^{n} x_{ns} x_{nt}}{\sqrt{\sum\limits_{f=1}^{n} x_{ns}^2} \sqrt{\sum\limits_{f=1}^{n} x_{nt}^2}} \qquad (4-6)$$

式中，f代表s、t时期技术类型数量；x_{ns}、x_{nt}分别为s、t时期第n类技术类型的专利申请数量；CP_{st}代表s、t时期技术相似性度；技术相似度是年际技术向量夹角的余弦值，取值范围为[0，1]，数值越大则技术结构越相似。

为探讨中国电子信息产业创新的技术领域，需建立专利分类、技术分类、行业分类之间的对照关系，该项研究在国际上已取得一定的进展。1972—1995年，加拿大知识产权局建立了专利分类（IPC）、制造业分类（IOM）、应用领域分类（SOU）之间的对照关系；Kortum和Putnam（1997）提出了耶鲁技术对照法（Yale Technology Concordance，YTC），通过计算专利分配到某一产业领域的概率，对专利进行了行业划分；Johnson（2002）则提出OECD技术对照法（OECD Technology Concordance，OTC）。由此，界限清晰、数量合理的技术领域分类体系逐渐成熟，其中最具代表性的是WIPO的IPC技术对照表（IPC Technology Concordance Table），该对照表依据IPC分类号将专利分配至35个技术领域，具有全面性、均衡性、互斥性、适当性、差异性等优点（谭龙，2015）。为反映IPC的修订，IPC技术对照表定期更新，研究选用更新于2016年2月的最新技术对照表（本书附录）来刻画中国电子信息产业创新的技术领域状况。[①]

2. 产业创新的行业差异

依据CNIPA重点产业专利信息服务平台对细分行业的划分标准，分析

---

① http://www.wipo.int/ipstats/en/statistics/patents/xls/ipc_technology.xls

1985—2015年中国电子信息产业技术创新的动态性及行业差异性（图4-9）。结果显示，①中国电子信息产业细分行业技术创新均呈现"平稳式—渐进式—跳跃式"的增长态势。1985—1999年为产业创新引进阶段，该时期中国电子信息产业以技术引进为主，产业自主创新能力较弱，各细分行业的年度专利数量较少，年际增长率较低，呈现低水平平稳式增长。2000—2008年为产业创新起步阶段，一方面，外资企业在全球电子信息产业转移的背景下，大量进驻中国，通过产业合作和业务联系，形成了对中国本土企业的知识溢出；另一方面，中国加入WTO则加速了其电子信息产业的全球化进程，通过建立海外制造基地，逐步实现本土技术与海外技术集成创新，各细分行业的年度专利数量呈现渐进式增长。2009—2015年为产业创新发展阶段，中国电子信息产业重视推进产学研合作和建立海外研发中心，呈现本地网络与跨界网络融合的开放式协作创新模式，培养了一批具有国际竞争力的创新型企业，各细分行业的年度专利数量呈现高水平跳跃式增长。②中国电子信息产业创新的行业差异显著。产业创新主要集中在电子计算机与专用设备、雷达与通信等行业，1985—2015年，电子信息材料、电子元件、电子器件、电子计算机与专用设备、广播电视与家用视听、雷达与通信等行业专利占比分别为2.6%、7.3%、8.9%、42.6%、10.3%、28.3%。从细分行业来看，前6位细分行业的专利累计百分比已达到50%，其中，电子计算机数据处理及应用最具创新活力，专利占比达14.3%，其余依次为电子计算机外部设备（8.7%）、通信交换系统（7.8%）、电子计算机整机及控制系统（7.4%）、电子元件及组件（6%）、电子计算机系统、配套设备及耗材（5.8%）。

3. 产业创新的技术领域

中国电子信息产业创新的技术类型和技术相似系数具有阶段性特征（图4-10）。1985—2015年，技术类型由91类增加至481类，呈现"小幅波动—渐进增长—持续平稳"的演化态势；技术相似系数由0.875提高至0.996，呈现波动式提高的演化态势。1985—1999年，在产业创新的引进阶段，技术

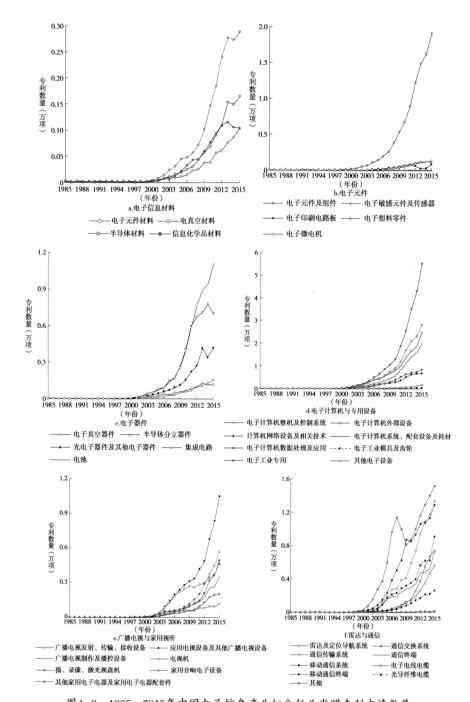

图4-9　1985—2015年中国电子信息产业细分行业发明专利申请数量

资料来源：中国国家知识产权局重点产业专利信息服务平台（http://chinaip.cnipa.gov.cn/）。

类型数值处于低位，技术相似系数相对较低，表明该时期中国电子信息产业技术创新处于探索阶段，技术发展尚不稳定，技术知识的隐性化程度较高。2000—2008年，伴随中国电子信息产业的不断成长以及全球化程度的深化，产业发展的市场潜力较大，产业创新的技术机会较多，技术创新逐步与国际惯例接轨，技术类型数值不断增加，技术相似系数也得以提高，形成了一定的产业技术知识基础。2009—2015年，中国电子信息产业创新的技术类型呈现高位持续平稳态势，技术相似系数达到较高水平，表明电子信息产业技术逐渐成熟，技术知识的编码化程度提高。

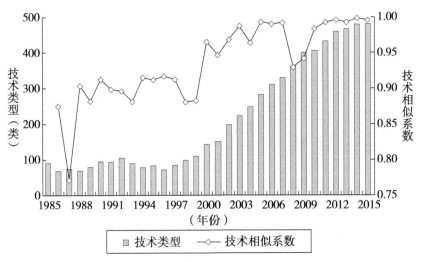

图4-10　1985—2015年中国电子信息产业创新技术类型及技术相似系数

中国电子信息产业创新的技术领域分布呈现广泛性与集中性并存的特征（表4-2）。从技术领域类型来看，中国电子信息产业创新涉及35个技术领域，表明中国电子信息产业链不断延伸，且具有极强的产业关联效应，对其他产业部门的技术创新具有显著的带动作用，并催生了一些新兴的产业部门。从不同技术领域专利数量来看，1985—1999年，中国电子信息产业创新主要集中在电气机械、装置、能量，计算机技术，测量，电信，光学，视听技术，半导体等技术领域，这7个技术领域专利占比高达81.41%；2000—2008年，中国电子信息产业创新主要集中在数字通信，电信，计算机技术，电气机械、装置、能量，视听技术，测量等技术领域，这6个技术领域专利占比高达81.38%；2009—2015年，中国电子信息产业创新主要集中在计算机技术，数字通信，电气机械、装置、能量，视听技术，半导体，测量，电信等技术领域，这7个技术领域专利占比高达82.73%。总体上，中国电子信息产业在计算机技术，数字通信，电气机械、装置、能量，电信，视听技术，半导体等技术领域具备了一定的知识积累。

表4-2　　1985—2015年中国电子信息产业不同技术领域专利数量

1985—1999年			2000—2008年			2009—2015年		
技术领域	专利数量（万项）	专利占比（%）	技术领域	专利数量（万项）	专利占比（%）	技术领域	专利数量（万项）	专利占比（%）
1	0.134	25.07	4	3.365	22.03	6	17.598	22.43
6	0.077	14.49	3	2.962	19.40	4	15.551	19.82
10	0.062	11.71	6	2.115	13.85	1	12.084	15.40
3	0.052	9.74	1	1.668	10.92	2	5.263	6.71
9	0.041	7.73	2	1.573	10.30	8	5.079	6.47
2	0.039	7.24	10	0.747	4.89	10	4.870	6.21
8	0.029	5.42	8	0.742	4.86	3	4.472	5.70
4	0.017	3.27	9	0.693	4.54	12	2.907	3.70
12	0.017	3.13	12	0.323	2.12	7	2.691	3.43
20	0.013	2.40	7	0.196	1.28	9	2.562	3.26
5	0.008	1.44	20	0.107	0.70	5	0.576	0.73
13	0.006	1.14	5	0.093	0.61	17	0.538	0.69
19	0.006	1.07	13	0.080	0.52	20	0.486	0.62
21	0.005	0.96	34	0.060	0.40	26	0.450	0.57
29	0.004	0.68	26	0.055	0.36	32	0.408	0.52

续表

1985—1999年			2000—2008年			2009—2015年		
技术领域	专利数量（万项）	专利占比（%）	技术领域	专利数量（万项）	专利占比（%）	技术领域	专利数量（万项）	专利占比（%）
17	0.004	0.66	19	0.052	0.34	19	0.314	0.40
34	0.003	0.49	21	0.046	0.30	25	0.251	0.32
32	0.003	0.47	32	0.042	0.27	13	0.237	0.30
28	0.003	0.47	17	0.042	0.27	21	0.235	0.30
26	0.002	0.45	30	0.040	0.26	29	0.226	0.29
23	0.002	0.30	11	0.034	0.22	31	0.201	0.26
27	0.001	0.24	29	0.033	0.22	23	0.200	0.26
35	0.001	0.23	23	0.029	0.19	35	0.193	0.25
11	0.001	0.23	28	0.027	0.18	34	0.192	0.24
24	0.001	0.19	25	0.026	0.17	27	0.145	0.18
15	0.001	0.17	27	0.025	0.16	30	0.130	0.17
30	0.001	0.13	31	0.019	0.12	28	0.122	0.16
25	0.001	0.11	33	0.016	0.11	33	0.120	0.15
18	0.001	0.11	35	0.016	0.11	14	0.103	0.13
31	0.001	0.09	15	0.013	0.08	24	0.083	0.11
33	0.001	0.09	14	0.012	0.08	11	0.082	0.10
14	0.000	0.06	24	0.011	0.07	15	0.042	0.05
16	0.000	0.02	22	0.009	0.06	22	0.031	0.04
7	0.000	0.00	18	0.002	0.01	18	0.017	0.02
22	0.000	0.00	16	0.002	0.01	16	0.009	0.01

注：技术领域中1为电气机械、装置、能量，2为视听技术，3为电信，4为数字通信，5为基本通信程序，6为计算机技术，7为信息技术管理，8为半导体，9为光学，10为测量，11为生物材料分析，12为控制，13为医学技术，14为有机精细化学，15为生物技术，16为药物，17为高分子化合物，18为食品化学，19为基础材料化学，20为材料、冶金，21为表面技术、涂层，22为微观结构和纳米技术，23为化学工程，24为环境技术，25为装卸，26为机械工具，27为发动机、泵、涡轮机，28为纺织和造纸机械，29为其他特殊机械，30为热工艺和设备，31为机械零件，32为运输，33为家具、游戏，34为其他消费品，35为土木工程。

第二节　中国电子信息产业集群识别及类型划分

一、中国电子信息产业集群识别

专业化、集聚、地方化、结网是透视产业集群的重要维度，产业集群的本质是专业化集聚基础之上的地方化结网。专业化集聚是产业集群的必要条件，地方化结网是产业集群的充分条件，故而，识别产业集群应综合考虑空间集聚和产业联系两个层面（沈体雁等，2021）。基于此，本书综合运用区位熵和社会网络分析方法来识别中国电子信息产业集群。

1. 空间单元选取与数据说明

集群边界界定是开展集群研究的前提，已有关于集群地理边界、集群产业边界、集群组织边界的界定尚无明确标准（Sternberg & Litzenberger，2004）。现有多集群研究表明，定量测度和识别产业空间集聚状态的有效方法是运用基于行政单元的空间数据和区位熵指标。例如，为开展全球集群网络研究，Bathelt和Li（2014）运用市级尺度的企业区位熵和就业区位熵识别了加拿大和中国产业集群；Turkina等（2016）运用市级尺度的就业区位熵识别了北美和欧洲地区52个航空航天产业集群。为验证共位集群效应，Lu等（2016）基于市级尺度的企业区位熵识别了珠三角地区产业集群。王琛等（2012）基于省级尺度的从业人员数据，运用就业区位熵刻画了中国电子信息产业的地域集中状况。朱华友等（2021）基于县（市）、区尺度的就业与产值区位熵识别了长三角地区电子信息产业集群，进而分析了危机冲击下集群韧性特征及影响因素。借鉴已有研究，并考虑到数据的可得性，本书选取地级市作为分析的空间单元。以2015年行政区划为标准，研究范围界定为325个地级及以上行政单元（简称地级市），包括4个直辖市、291个地级市和30个自治州。

选用2013—2015年信息传输、计算机服务和软件业从业人员数和电子信息产业发明专利申请数的均值来测度就业和创新产出区位熵。第一，考虑到产业集群生命周期以及中国电子信息产业尚未经历衰退阶段，运用新近年份的数据能够更全面地涵盖早期潜在的产业集群；第二，为避免单一年份数据大幅波动导致的结果不可信和不稳定，研究选用2013—2015年的均值进行测算。从业人员数据来源于《中国城市统计年鉴（2014—2016）》、发明专利申请数据来源于中国国家知识产权局（CNIPA）。

2. 集群识别方法与步骤

识别集群的关键是把握集群的主要特征。基于集群的空间集聚、专业化、产业联系、创新性等特征，学界围绕集群识别问题积累了相关定性和定量研究方法（表4-3）。从空间集聚角度来看，测度产业集聚程度的定量方法可以分为两类，一类是受行政边界约束的如洛伦兹曲线（Lorenz Curve）、Hoover系数、H指数（Herfindahl Index）、空间基尼系数（Space Gini Coefficient）、区位熵（Location Quotient）等；另一类是基于距离、密度的聚类方法，如空间分散度指数、K密度指数等，该方法利用节点的行政区划编码、街道、地址等信息对接百度地图或谷歌地图的应用程序接口（Application Programming Interface，API），对节点进行地理编码（geocoding），进而运用聚类方法来识别集聚区域、确定集群边界。从产业联系角度来看，已有研究主要运用投入—产出分析法（Input-Output Approach）来判定区域内产业间的联系状况。

表4-3　　　　　　　　　　　产业集群识别方法

研究方法	研究性质	研究尺度	数据来源	空间集聚	产业联系	研究焦点
波特案例分析	定性	宏观/微观	定性数据与贸易统计、国民核算数据相结合	√		产业和国家竞争力要素
区位熵	定量	宏观/中观	国家及区域统计数据	√		区域的产业专业化程度

研究方法	研究性质	研究尺度	数据来源	空间集聚	产业联系	研究焦点
聚类分析	定量	宏观/中观	地理位置数据	√		经济活动空间集聚格局
投入产出分析	定量	宏观/中观	投入产出表		√	产业价值链环节之间的贸易联系
图论分析	定量	宏观/中观	投入产出表、商业网络、知识网络		√	企业群或产业群之间的派系及其他网络联系
对应分析	定量	微观	创新调查	√	√	具有相似创新方式的企业群或产业群

资料来源：根据Viitamo（2001）；张建华和张淑静（2006）；孙铁山等（2008）；李佳洺等（2016）整理。

鉴于数据的可得性、操作的可行性、研究的针对性，本书首先选用就业区位熵和创新产出区位熵来判断区域是否存在产业规模和产业创新集聚现象。在此基础上，通过区域内、区域外的创新网络联系状况来判定是否形成了电子信息产业集群，具体步骤如图4-11所示。

（1）基于区位熵的空间集聚测度。

区位熵（LQ）计算公式：

$$LQE_i= (e_{ij}/e_i) / (E_j/E) \tag{4-7}$$

$$LQP_i= (p_{ij}/p_i) / (P_j/P) \tag{4-8}$$

式中，LQE_i、LQP_i分别为区域i的就业区位熵、创新产出区位熵；e_{ij}、p_{ij}分别为i区域j产业的从业人员数、发明专利申请数；e_i、p_i分别为i区域从业人员总数、发明专利申请总数；E_j、P_j分别为中国j产业的从业人员数、发明专利申请数；E、P分别为中国从业人员总数、发明专利申请总数。$LQ>1$、$LQ=1$和$LQ<1$分别表示区域就业和创新的空间集聚水平高于、持平和低于中国平均水平。

（2）潜在集群筛选。

选取$LQ>1$的区域，同时考虑到电子信息产业是国家重点发展的高技术和

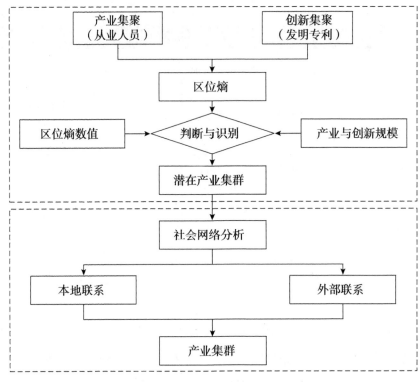

图4-11 中国电子信息产业集群识别步骤

战略性新兴产业，是知识密集型产业且产品生命周期短，呈现高创新、高研发的特征。为避免部分区域电子信息产业规模小、创新产出低，但相对于其他产业，其比重较高，从而具有较高的就业区位熵和创新产出区位熵，由此被认定为潜在的产业集群。借鉴李佳洺等（2016）研究，设定区域从业人员和发明专利申请数的阈值，排除未达到阈值条件的区域，即以第80个百分位数的数值作为下限，低于该数值则判定其并非中国电子信息产业规模与产业创新集聚区，据此，筛选出潜在的电子信息产业集群。

（3）基于社会网络分析的创新联系测度。

把握集群的网络本质这一属性，基于合作专利数据，运用社会网络分析法，构建所筛选的潜在集群的创新网络。从本地联系和外部联系的角度，依据网络节点度中心度、加权度中心度等指标，提取创新网络地位高的集聚区，即产业创新联系密切的潜在集群，将其视为电子信息产业集群。

3. 集群识别结果

（1）空间集聚分析。

中国电子信息产业空间集聚层面，2013—2015年就业、创新产出基尼系数数值分别为0.7202、0.9043，按照基尼系数区段划分的国际标准（洪兴建，2008），可知该产业呈现高度集聚的空间分布模式，且相比于就业，产业创新更加倾向于集聚在少数集群区域。计算区域就业、创新产出区位熵的相关系数，数值为0.3（$p<0.001$），呈现显著的弱正相关。就业与创新产出区位熵测算结果（表4-4）显示，就业空间集聚上，就业区位熵大于1的区域有40个，排除不满足就业规模阈值条件的11个区域（西宁市、宁德市、南平市、四平市、阜新市、贵港市、广元市、乌兰察布市、雅安市、张家界市、固原市），保留29个就业集聚区域；创新空间集聚上，创新产出区位熵大于1的区域有41个，排除不满足创新规模阈值条件的16个区域（襄阳市、平顶山市、宁德市、鄂尔多斯市、吉安市、汕尾市、上饶市、内江市、三亚市、海东市和6个自治州首府），保留25个创新集聚区域；总体上，所保留的集聚区域中，有11个区域既是就业集聚区又是创新集聚区。为相对全面地考察中国电子信息产业集聚区域，就业和创新产出区位熵数值之一大于1且达到规模阈值的区域，便将其视为潜在集群，共计43个。

表4-4　2013—2015年中国电子信息产业就业与创新产出区位熵测算结果

序号	地区	从业人员均值（人）	就业区位熵	地区	专利数量均值（项）	创新产出区位熵
1	北京市	624525	4.13	马尔康市	5.67	23.14
2	南京市	148136	3.38	海晏县	0.33	4.08
3	济南市	84366	3.01	鄂尔多斯市	88.33	2.82
4	西安市	107478	2.71	深圳市	22312.00	2.75
5	上海市	347565	2.53	汕尾市	50.67	2.61
6	大连市	59737	2.46	海东市	5.00	2.36
7	哈尔滨市	58908	2.18	襄阳市	140.00	2.16

续表

序号	地区	从业人员均值（人）	就业区位熵	地区	专利数量均值（项）	创新产出区位熵
8	杭州市	107152	1.87	北京市	35671.67	2.00
9	银川市	21253	1.67	东莞市	3423.33	1.82
10	呼和浩特市	13604	1.64	阿图什市	0.67	1.63
11	成都市	138970	1.56	惠州市	1253.33	1.56
12	廊坊市	13704	1.54	三亚市	20.33	1.56
13	广州市	97193	1.51	绵阳市	732.67	1.55
14	长春市	36428	1.45	福州市	1376.00	1.48
15	深圳市	130826	1.43	宁德市	127.00	1.45
16	珠海市	19729	1.33	上海市	13557.33	1.44
17	连云港市	12259	1.29	珠海市	1169.67	1.41
18	海口市	12709	1.28	临夏市	1.33	1.36
19	四平市	5366	1.27	共和县	1.00	1.36
20	南平市	6126	1.25	杭州市	4670.33	1.34
21	固原市	1524	1.19	西安市	5122.33	1.32
22	贵港市	4389	1.19	武汉市	3589.33	1.30
23	广元市	3870	1.16	厦门市	1101.00	1.30
24	榆林市	9445	1.14	许昌市	255.67	1.27
25	舟山市	8133	1.11	上饶市	49.33	1.26
26	南昌市	26730	1.10	成都市	5631.00	1.20
27	阜新市	4597	1.09	广州市	4279.00	1.19
28	昆明市	28216	1.08	南京市	6034.33	1.15
29	张家界市	1925	1.08	石家庄市	530.00	1.10
30	兰州市	9302	1.07	伊宁市	8.33	1.10
31	郑州市	26434	1.07	南昌市	617.33	1.10
32	青岛市	13669	1.05	吉安市	56.00	1.09
33	宁德市	6138	1.05	合肥市	2461.67	1.09

续表

序号	地区	从业人员均值（人）	就业区位熵	地区	专利数量均值（项）	创新产出区位熵
34	佛山市	13360	1.04	苏州市	7997.33	1.09
35	宁波市	13025	1.04	内江市	47.00	1.08
36	石家庄市	20074	1.03	天津市	4341.00	1.08
37	乌兰察布市	3319	1.02	长沙市	1364.33	1.08
38	西宁市	7061	1.01	常州市	1290.33	1.06
39	雅安市	2210	1.01	嘉兴市	444.00	1.06
40	无锡市	24859	1.01	重庆市	2297.33	1.05
41	—	—	—	平顶山市	134.67	1.04

注：限于篇幅，仅列出区位熵大于1的地区。

资料来源：《中国城市统计年鉴2014—2016》、中国国家知识产权局重点产业专利信息服务平台（http://chinaip.cnipa.gov.cn/）。

（2）创新联系分析。

2013—2015年中国电子信息产业集聚区本地创新联系格局（表4-5）显示，43个集聚区的创新合作在本地尺度上呈现显著差异。本地创新合作较多的集聚区有北京市、深圳市、南京市、上海市、杭州市、广州市等，形成了有利于本地知识溢出的创新网络。而榆林市、廊坊市、海口市、呼和浩特市、银川市、舟山市、哈尔滨市、连云港市、大连市等集聚区的创新主体间尚未基于地理邻近机制建立起创新合作关系，本地创新合作极少。

表4-5　2013—2015年中国电子信息产业集聚区本地创新联系格局　　单位：次

地区	联系数量	地区	联系数量	地区	联系数量	地区	联系数量
北京市	18133	南昌市	341	成都市	173	大连市	32
深圳市	6697	青岛市	299	天津市	163	绵阳市	20
南京市	2507	宁波市	292	合肥市	154	连云港市	13
上海市	1741	兰州市	286	郑州市	140	哈尔滨市	12

103

续表

地区	联系数量	地区	联系数量	地区	联系数量	地区	联系数量
杭州市	1228	西安市	282	东莞市	133	舟山市	11
广州市	773	武汉市	271	惠州市	114	银川市	9
佛山市	608	济南市	246	珠海市	108	呼和浩特市	8
许昌市	521	重庆市	225	常州市	101	海口市	2
福州市	501	昆明市	194	长春市	74	廊坊市	1
苏州市	373	无锡市	191	嘉兴市	73	榆林市	0
长沙市	343	石家庄市	175	厦门市	45	—	—

2013—2015年中国电子信息产业集聚区外部创新联系格局（图4-12）显示，43个集聚区外部创新合作的空间范围和联系强度存在显著差异。外部创新联系强度较高的集聚区有北京市、深圳市、南京市、上海市、苏州市、杭州市、武汉市等，成为外部创新网络的核心节点。而榆林市、呼和浩特市、海口市、舟山市、廊坊市、连云港市、昆明市、大连市、哈尔滨市、银川市、长春市等集聚区则处于外部创新网络的边缘位置，外部创新联系缺乏。

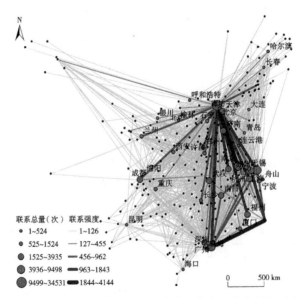

图4-12　2013—2015年中国电子信息产业集聚区外部创新联系格局

综上，研究认为榆林市、廊坊市、海口市、呼和浩特市、银川市、舟山市、哈尔滨市、连云港市、大连市、长春市、昆明市等集聚区的产业创新联系薄弱，未达到集群认定标准，故将其排除。

（3）产业集群界定。

运用区位熵和社会网络分析法，从产业空间集聚和产业创新联系角度，最终识别出32个电子信息产业集群，分别为北京、常州、成都、东莞、佛山、福州、广州、杭州、合肥、惠州、济南、嘉兴、兰州、绵阳、南昌、南京、宁波、青岛、厦门、上海、深圳、石家庄、苏州、天津、无锡、武汉、西安、许昌、长沙、郑州、重庆、珠海。可见中国电子信息产业集群主要分布在环渤海区域、长三角区域、珠三角和福厦沿海区域以及中西部区域（表4-6）。

总体上，本书界定的32个集群是中国电子信息产业骨干企业、高校及研究机构、行业协会及产业联盟相对集聚的区域，其产业链较为完善、产业规模较大、技术水平较高，是中国电子信息产业发展的核心区域。①32个集群是国家电子信息产业基地和产业园的主要分布区域。为实现中国电子信息产业由大到强转变，引导和促进区域产业发展，2004年信息产业部设立首批国家电子信息产业基地，主要位于北京、天津、青岛、上海、苏州、杭州、深圳等地区。2005年信息产业部认定北京、天津、青岛、杭州、福州、佛山、惠州、新乡、贵阳、嘉兴、铜陵、宜昌、安阳、咸阳、南京、苏州、上海、宁波、武汉、许昌等城市的31个经济技术开发区和高新区为首批国家电子信息产业园。国家电子信息产业基地和产业园主要以上述32个集群区域为核心承载区。②32个集群是中国电子信息产业骨干企业的集中分布区域。中国电子信息行业联合会发布的"2016年（第三十届）中国电子信息百强企业"中有78个企业分布在上述集群区域，其中，前50位企业中有45个分布在上述集群区域；发布的"2017中国电子信息行业创新能力五十强企业"中有47个企业分布在上述集群区域。

表4-6　　　　　　　　中国电子信息产业基地空间分布

区域	产业基地	重点产业领域
环渤海区域	北京市	IC
	天津市	电子元器件与移动通信
	青岛市	电子家电
长三角区域	上海市	IT、IC设备制造
	苏州市	IT设备制造
	杭州市	IC制造、通信制造
珠三角和福厦沿海区域	广州市	通信
	深圳市	通信、微电子
	东莞市	电脑资讯
	佛山市	光电显示
	厦门市	光电显示
中西部区域	成都市	军工电子
	重庆市	通信设备
	武汉市	光电子
	西安市	光通信、软件

资料来源：根据高菠阳（2012）整理。

二、中国电子信息产业集群类型划分

为探讨不同类型、不同生命周期阶段的集群，其创新网络结构与演化特征的差异，研究从集群技术创新的角度切入，划分中国电子信息产业集群类型，概括集群基本特征，判断集群所处生命周期。

1. 集群类型划分方法

聚类分析（Cluster Analysis）基于距离算法将观测或变量分成由类似对象构成的组或类。聚类分析方法包含 K-均值聚类分析法（K-Means Cluster Analysis）、系统聚类分析法（Hierarchical Cluster Analysis）、两步聚类分析法

（Two-Step Cluster Analysis）。其中，两步聚类分析法能够同时处理分类变量和连续变量，且能够自动产生最优聚类数目，进而避免主观设定聚类数目的随意性，被称为智能化的聚类方法。两步聚类分析通过预聚类、正式聚类两个步骤来完成：首先，构建和修改聚类特征树（cluster feature tree），对案例进行初始归类；其次，对初始类别进行合并型层次聚类，依据AIC值或BIC值以及类间最短距离的变化情况来确定最优的聚类数目。

本书立足于技术创新视角，基于1985—2015年申请发明专利数据，综合考虑创新能力、创新合作、技术领域三方面特征共10个变量，运用两步聚类分析法，对中国电子信息产业集群类型进行划分。选取独立申请专利数量、创新主体数量来表征集群技术创新能力；合作申请专利数量、创新网络主体（本地主体、外部主体）数量来表征集群技术创新合作；基于IPC分类号的前五位技术领域来表征集群创新技术领域。借助SPSS22.0进行两步聚类分析，自动聚类结果（表4-7）显示，当聚类数目为3时，AIC值最小，代表聚类效果最优，同时相邻两步的最小类间距离比也较大，表明将中国电子信息产业集群划分为三类是统计上的最优聚类数目。此外，聚类数目为3时，衡量聚类结果是否合理与有效的轮廓系数（Silhouette Coefficient）为0.4，意味着聚类效果良好。可见在技术创新层面，中国电子信息产业集群呈现三种类型。

表4-7 自动聚类结果

聚类数目	AIC	AIC 变化	AIC 变化率	距离测量比
1	3268.514			
2	3216.862	−51.652	1.000	1.443
3	3204.424	−12.438	0.241	1.359
4	3215.361	10.937	−0.212	1.045
5	3229.105	13.744	−0.266	1.714
6	3268.778	39.672	−0.768	1.445
7	3319.644	50.866	−0.985	1.004

续表

聚类数目	AIC	AIC 变化	AIC 变化率	距离测量比
8	3370.618	50.974	−0.987	1.220
9	3426.100	55.482	−1.074	1.059
10	3482.717	56.617	−1.096	1.037
11	3540.031	57.315	−1.110	1.077
12	3598.686	58.654	−1.136	1.292
13	3661.264	62.578	−1.212	1.045
14	3724.414	63.150	−1.223	1.158
15	3789.318	64.904	−1.257	1.013

2. 集群类型划分结果

依据两步聚类后的集群创新特征，将中国电子信息产业集群划分为三种类型。第一类为创新引领型集群，第二类为创新跟随型集群，第三类为创新孕育型集群。其中，第一类集群作为中国电子信息产业创新高地，其创新模式、创新路径与创新机制等问题的探讨对于引领中国电子信息产业创新升级具有重要意义，故而结合集群的形成机制和区域情境，将第一类创新集群进一步细分为内生型和外生型。

Ⅰ类为内生创新引领型集群，包括北京市、上海市2个集群。该类集群科教资源丰富、产业基础雄厚，具有创新资源禀赋的绝对优势。1985—2015年，该类集群累计申请发明专利297075项，其中合作专利54659项，成为中国电子信息产业创新最集中的区域。从技术结构来看，北京市、上海市的专利技术类型分别为438类、434类，其中，共有技术类型达380类；产业创新主要集中在计算机技术、数字通信、半导体、电信等技术领域。

Ⅱ类为外生创新引领型集群，包括深圳市、苏州市2个集群。该类集群本地科教资源缺乏、外向型程度高，外部创新网络主体占比达48.96%，跨界创新合作明显。1985—2015年，该类集群累计申请发明专利235903项，其中合作专利38391项。从技术结构来看,深圳市、苏州市的专利技术类型分别为348类、384类,其中,共有技术类型达311类;产业创新主要集中在计算机技术、视听技术、数字通信等技术领域。

Ⅲ类为创新跟随型集群,包括南京市、杭州市、合肥市、广州市、东莞市、天津市、重庆市、成都市、武汉市、无锡市、西安市11个集群。该类集群依托区位优势、本地创新资源条件,产业创新能力逐步提升。1985—2015年,该类集群累计申请发明专利230274项,其中合作专利24910项。

Ⅳ类为创新孕育型集群,包括许昌、兰州、绵阳、郑州、惠州、嘉兴、长沙、南昌、石家庄、珠海、厦门、福州、宁波、常州、青岛、佛山、济南17个集群。该类集群主要基于国内产业转移机遇,逐步发展成为新兴的创新集群,1985—2015年累计申请发明专利92816项,其中合作专利14171项。

3. 集群生命周期判断

20世纪90年代,集群演化过程研究受到关注,学者们基于生命周期思想提出了集群发展阶段观,认为集群如同生物体一般,存在一个从产生到衰亡的过程,且其演化过程呈现出较为明显的阶段特征(Porter,1998;Swann,1998),并在集群生命周期阶段划分上形成了两阶段、三阶段、四阶段、五阶段等不同的见解(谭劲松、何铮,2007)。实际上,诸多经济现象的演化轨迹遵循Logistic过程,呈现S曲线已达成学界共识(赵莉晓,2012;傅瑶等,2013)。

Logistic模型最早由比利时数学家Verhulst于1838年提出,Fisher-Pry Curve为描述该模型的方程式,公式如下:

$$y = \frac{K}{1+\alpha e^{-\beta t}} \qquad (4-9)$$

式中,y为专利累计数;α为S曲线斜率,即S曲线的成长率;β为成长曲线中反曲点(midpoint)的时间点,反曲点即S曲线二次微分为0值的点;K为成长曲线的饱和值(saturation),即专利累积数量的极限值;成长时间(growth time）为专利累计数量从10%饱和值成长到90%饱和值所经历的时间。

　　本书运用Logistic模型，将集群技术生命周期分为萌芽期、成长期、成熟期、衰退期四个阶段，基于1985—2015年中国电子信息产业不同类型集群的累计平均专利申请数量，借助Loglet Lab4软件，拟合集群技术创新S曲线，进而分析各类集群技术创新的成长路径和生命周期。中国电子信息产业集群技术创新S曲线（图4-13）及S曲线拟合参数值（表4-8）显示，判定系数R^2的数值均大于0.95，表明S曲线模型的拟合程度较高。分析发现，中国电子信息产业四类集群均未进入衰退期，技术创新尚有较大发展空间，不同类型集群的生命周期阶段存在差异。Ⅰ、Ⅱ类集群依托内生或外生比较优势，成为中国电子信息产业创新的领头羊，该类集群创新成长于21世纪初期，并在经历快速成长阶段后，相继进入成熟阶段；Ⅲ类集群在2005—2015年技术创新增速相对较快，S曲线反曲点位于2016年，故而，本书研究时段内该类集群经

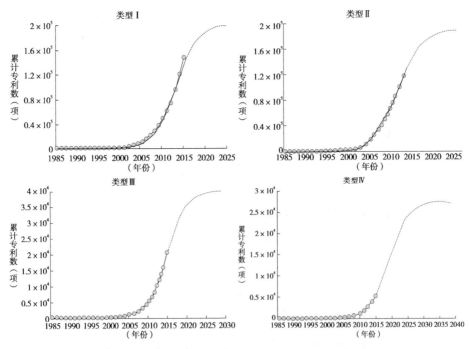

图4-13　1985—2015年中国电子信息产业四类集群生命周期曲线

注：圆点代表实际累计专利数，尾端为虚线的线条代表拟合的S曲线。

历了萌芽期和成长期；Ⅳ类集群创新发展较为滞后，技术创新萌芽期较长，S曲线反曲点则位于2021年，尚且处于集群成长阶段。

表4-8　　中国电子信息产业四类集群生命周期S曲线拟合参数值

集群类型	饱和值（项）	反曲点	成长时间（年）	萌芽期	成长期	成熟期	衰退期	R^2
Ⅰ	199896	2013	21.7	1985—2001	2002—2012	2013—2023	2024—	0.995
Ⅱ	198792	2014	27.3	1985—1999	2000—2013	2014—2027	2028—	0.975
Ⅲ	39953	2016	21.2	1985—2004	2005—2015	2016—2026	2027—	0.997
Ⅳ	28981	2021	23.5	1985—2008	2009—2020	2021—2031	2032—	0.999

第三节　本章小结

本章研究的重点在于回答中国电子信息产业集群位于何处，集群有哪些类型，集群处于哪一生命周期阶段等问题。首先，通过产业发展历程、产业空间格局演化、产业技术创新演化的分析，形成对中国电子信息产业动态的总体认知；其次，把握集群的空间集聚特性和网络本质，综合运用区位熵和社会网络分析法识别中国电子信息产业集群；最后，以集群技术创新为切入点，借助两步聚类分析法和Logistic模型，划分中国电子信息产业集群类型和集群生命周期阶段。得出如下主要研究结论。

第一，从产业发展历程来看，中国电子信息产业历经封闭式的曲折起步（1949—1978年）、嵌入全球生产网络的引进创新（1979—1999年）、融入国际市场的集成创新（2000—2008年）、全球—地方联结的自主创新（2009年至今）等发展阶段。鉴于不同阶段产业创新发展战略的侧重点各异，可以预测中国电子信息产业创新网络具有显著动态性。从产业空间格局演化来看，中国电子信息产业空间分布呈现由京津冀与珠三角引领、长三角跟进、再向中西部转移的动态轨迹。从产业技术创新演化来看，创新引进阶段，技术发展不稳定，技术知识隐性化程度较高；创新起步阶段，产业创新的技术机会较多，技术知识基础初步形成；创新发展阶段，产业技术趋于成熟，技术知识编码化程度提高。

第二，中国电子信息产业空间分布集聚，在环渤海、长三角、珠三角和福厦沿海以及中西部等区域形成了32个电子信息产业集群。着眼于技术创新视角，中国电子信息产业集群呈现内生创新引领型、外生创新引领型、创新跟随型、创新孕育型四种类型。其中，内生和外生创新引领型集群成长于21世纪初期，并在经历快速成长阶段后，相继进入成熟阶段；创新跟随型集群经历了萌芽期和成长期；创新孕育型集群尚处于成长阶段。后续章节将对不同类型、不同生命周期阶段集群创新网络演化的异质性进行解析。

第五章
中国电子信息产业集群创新网络的格局演化

创新网络化、集群网络观的背景下，多集群创新网络研究成为经济地理学领域的前沿议题。基于发达国家及跨国公司的案例，关系经济地理学者提出了"全球集群网络"理论假说。对于通过"后发追赶"战略，逐步实现从"技术引进"到"技术创新"的中国电子信息产业集群而言，在创新阶段、创新政策以及创新环境等区域情境上与西方发达国家创新集群存在显著差异，其创新网络有何独特性亟需经验研究来解答。加之，集群间相互联结的复杂创新生态系统尚处于"黑箱"状态，以深受全球化影响的中国电子信息产业为例，开展多集群多尺度创新网络格局演化研究，对于推进和完善集群网络假说具有重要理论价值。基于此，本章首先对第三章第一节提出的中国电子信息产业创新合作的空间组织呈现集群网络模式（H1a-H1b）这一研究假设进行验证；在此基础上，从创新网络"主体—关系—尺度—结构"四个维度对不同类型、不同生命周期阶段的集群创新网络格局演化进行分析。

第一节　数据处理与研究方法

一、创新网络构建

联合申请专利不同于广义上的共担风险、共享收益的合作创新，其实质是基于关系嵌入的技术知识流动和创新资源整合的开放式创新（王黎萤、池仁勇，2015；马海涛，2020），能够反映技术知识在主体间的共享、溢出和转移，被国内外学者广泛应用于创新空间扩散、复杂知识地理空间、创新网络空间格局以及技术关联与区域创新绩效等研究（Fifarek & Veloso，2010；Cassi & Plunket，2015；Miguelez & Moreno，2018；张翼鸥、谷人旭，2018；刘承良、管明明，2018）。本书通过筛选出联合申请发明专利作为基础数据，分析中国电子信息产业集群创新网络的格局演化。

数据处理与创新网络构建步骤如下（图5-1）：①1985—2015年中国电子信息产业累计申请的942725项发明专利数据中，提取由两个及两个以上申请人申请的专利数据，共计107370项合作专利；②将每项合作专利涉及的创新主体两两组合（假设某一专利由a、b、c三个创新主体合作申请，则构建a-b、a-c、b-c三条无向网络联系），据此形成159578条创新主体间加权网络联系；③依据创新主体的地址信息，将所有创新主体并入所属地级市，考虑到全球创新联系数据的不完整，故剔除同境外机构的网络联系（保留同港澳台地区的网络联系），进而将创新主体间网络转换为城市内与城市间创新网络，并以城市间专利合作总量作为城市间创新网络节点的权重，城市间专利合作量作为城市间创新网络边的权重；④基于本书对中国电子信息产业集群的识别，从数据集中提取位于32个集群的创新主体所形成的创新合作关系，依据集群空间范围，将集群创新网络划分为集群本地网络、集群间网络、集群非集群网络，并将集群间网络进一步细分为区域尺度（省域）、国家尺度、境外尺度（同中国台湾地区）网络，集群非集群间网络进一步细分为区域尺度、国家尺度、境外尺度（同中国港澳地区）网络；⑤用创新主体所属地级市间的直线距离来衡量创新主体间的空间距离，借助ArcGIS软件和Python编程进行测算。

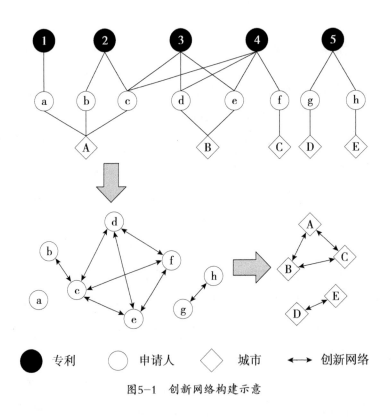

图5-1　创新网络构建示意

以中国电子信息产业发展历程为参照，并结合1985—2015年电子信息产业集群的合作专利数量、合作主体数量、合作关系数量等指标（图5-2），可将集群创新网络发展划分为三个阶段：①1985—1999年，集群创新网络培育阶段，该时期集群创新合作处于较低水平，合作专利、合作主体、合作关系均很少；②2000—2008年，集群创新网络发展阶段，该时期集群创新合作持续增加，参与合作的创新主体、主体间合作关系呈现稳步增长趋势，合作专利、合作主体、合作关系分别由2000年的187项、82个、52条增加到2008年的4229项、1072个、908条；③2009—2015年，集群创新网络优化阶段，集群创新合作进入跃升期，合作专利、合作主体、合作关系年均增长率分别为25.98%、20.39%、30.38%，均呈现跳跃式增长，2015年集群合作专利、合作主体、合作关系分别高达20856项、4284个、6189条。

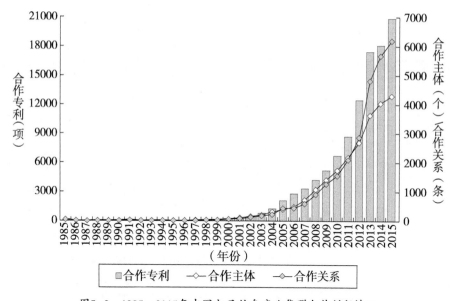

图5-2　1985—2015年中国电子信息产业集群合作创新情况

资料来源：中国国家知识产权局重点产业专利信息服务平台（http://chinaip.cnipa.gov.cn/）。

二、社会网络分析法

社会网络分析（Social Network Analysis，SNA）又称社会网络理论、社会网络科学，主要用于探讨行动者之间的关系结构、网络位置与网络角色、网络复杂性、网络动态性以及网络可视化等（刘军，2004）。为科学地量化创新主体间的互动关系，经济地理学者将社会网络理论引入创新网络研究之中

（Yeung，1994；Ter Wal，2009）。本书借助 Ucinet 软件，从个体网络拓扑结构、整体网络拓扑结构、复杂网络特性三个层面来考察中国电子信息产业集群创新网络格局与演化。

1. 个体网络指标

中心性和结构洞是社会网络分析中衡量个体网络特征的核心指标（Liefner & Hennemann，2011；Huggins & Prokop，2017），其中，中心性测度包含程度中心度、接近中心度、中介中心度，结构洞测度包含有效规模、限制度等（表 5–1）。研究主要选用程度中心度指标来表征创新主体的网络位置或地位。

表5-1　　　　　　　　　　　创新网络的节点网络指标及含义

指标	表达式	解释	表征解析
程度中心度	$C_{D(i)} = \sum_{j \in N} x_{ij}$	测量节点 i 与其他节点的关联数，度量节点处于网络中心位置的程度。x_{ij} 是 1 或 0 的数值，代表节点 i 与节点 j 是否具有连接关系	创新主体 i 的程度中心度越大，表明其在集群创新网络中的地位越高，能够获取的外部知识越丰富
接近中心度	$C_{C(i)} = 1 / \sum_{j \in N} d_{ij}$	以距离为概念计算的个体中心程度，衡量节点 i 与其他节点的接近程度。d_{ij} 代表节点 i 与 j 之间的距离	创新主体 i 的接近中心度越大，表明其通达性越好，技术知识流动越便捷
中介中心度	$C_{B(i)} = \sum_{j \in N} \sum_{k \in N} \dfrac{g_{jk}(i)}{g_{jk}}$ $j \neq k \neq i$	衡量节点 i 在整体网络中的中介能力。g_{jk} 代表节点 j 和 k 之间存在最短路径的数目，$g_{jk}(i)$ 是节点 j 和 k 之间存在的经过节点 i 的最短路径的数目	创新主体 i 的中介中心度越大，表明其对其他主体的控制能力越强，越能发挥促进技术知识流动的桥梁作用
有效规模	$ES_i = \sum_{j \in N} \left(1 - \sum_q p_{iq} m_{jq}\right)$ $q \neq i, j$	表征节点 i 网络联系的非冗余部分。p_{iq} 代表节点 i 的全部关系中，投入节点 q 的关系所占比例；m_{jq} 代表节点 j 与 q 之间的边际强度，等于 j 与 q 的连接数除以 j 与其他节点连接中的最大值	创新主体 i 的有效规模越大，则其网络联系的冗余度越低，获取异质性技术知识的能力越强

续表

指标	表达式	解释	表征解析
限制度	$C_i = \sum_{j \in N} \left(p_{ij} + \sum_q p_{iq} p_{qj} \right)^2$ $q \neq i, j$	测度节点 i 在网络中运用结构洞的能力，反映其对网络中其他节点的直接和间接依赖程度	创新主体 i 的限制度越小，则其与多个相互隔离的个体或簇群发生非冗余联系的能力越强，获取的差异化技术知识和信息越多

资料来源：周灿等（2017）。

2. 整体网络指标

本书选用平均度来衡量创新网络中主体的平均合作对象数或主体间的平均合作强度，选用网络密度来度量创新网络中主体间合作的紧密程度，选用平均路径长度和群集系数来考察创新网络结构的可达性和集聚性。

平均度是指网络中平均每个节点所拥有的连线数量。对于二值网络而言，平均度越大，则主体平均拥有的合作对象越多，网络越密集；对于多值网络而言，平均度越大，则主体间的平均合作强度越大。计算公式为：

$$\overline{D} = \frac{1}{2n} \sum_{i=1}^{n} \sum_{j=1}^{n} x_{ij} \tag{5-1}$$

网络密度用网络中实际存在的关系数与理论上可能存在的关系总数的比值来测算，数值越大，网络凝聚性越高，公式为：

$$d = \sum_{i=1}^{n} \sum_{j=1}^{n} x_{ij} / n(n-1) \tag{5-2}$$

整体网络平均路径长度是指网络中所有节点对距离（最短路径）的平均值，用来反映整体网络可达性，公式为：

$$L = \frac{2}{n(n-1)} \sum_{i \neq j} d_{ij} \tag{5-3}$$

群集系数用来衡量网络节点局部聚类情况，其中，节点群集系数是指所有相邻节点之间实际连边数目占最大连边数目的比例，定义式为：

$$C_i = \frac{E_i}{C_{k_i}^2} = \frac{2E_i}{k_i(k_i-1)} \tag{5-4}$$

式中，k_i 代表节点 i 邻接节点数目；E_i 代表由节点 i 的邻接节点组成的子网中，

实际存在的边数。整体网络群集系数是指所有节点群集系数的平均值，即

$$C = \frac{1}{N} \sum_{i=1}^{n} C_i \qquad (5\text{--}5)$$

3. 网络匹配性

运用度度相关性分析来验证节点在选择创新合作对象时，是倾向于同自身水平相近的节点联系（同配性）还是同网络的中心节点联系（异配性）。节点 i 邻接节点的平均度为：

$$k_{nn,i} = \frac{1}{k_i} \sum_{j \in N_i} k_j \qquad (5\text{--}6)$$

度数为 k 的所有节点的邻接节点平均度为：

$$k_{nn}(k) = \frac{1}{N_k} \sum_{i,k_i=k} k_{nn,i} \qquad (5\text{--}7)$$

式中，j 为 i 的邻接节点，k_j 为邻接节点度数，N_k 为度数等于 k 时的节点数目。若度度相关系数为正，代表网络连接具有同配性，反之，则具有异配性（李丹丹等，2015）。

第二节　集群创新网络假说验证

一、创新合作空间区位

1900年，英国统计学家卡尔·皮尔逊（Karl Pearson）在 *Philosophical Magazine* 上发文，首次提出卡方检验（Chi-Square Test），通过统计样本观察值与理论值之间的偏离程度，来检验两个及两个以上样本率（构成比）之间差异的显著性，适用于无序分类变量的统计推断（Pearson，1900）。本书运用交叉表卡方检验来验证集群和非集群区域的创新主体，其创新伙伴的选择在区位上是否存在显著差异。考虑到三个研究时段，中国电子信息产业创新合作的样本总数均大于40，且最小理论频数均大于5，故而选择Pearson卡方检验方法。卡方值计算公式如下：

$$x^2 = \sum \frac{(A-E)^2}{E} \qquad (5-8)$$

式中，x^2为卡方值，A为观察频数，E为期望频数。卡方值越大，表示分类变量之间的差异越大，反之亦然。

Pearson卡方检验结果（表5-2）表明，集群区域的创新主体在创新合作的区位选择上与非集群区域的创新主体具有显著差异。①集群是中国电子信息产业不同空间尺度创新合作的重要载体。在三个研究时段，以集群本地和多集群为空间载体的创新合作比率分别高达82.48%、96.9%、89.57%，主要源于集群本地合作具有贸易和非贸易相互依赖、共同话语体系以及相似区域情境等根植性优势，多集群外部合作则有益于创新资源的跨界整合、隐性知识的远距离溢出。②集群区域的创新主体在创新合作的区位选择上呈现集群指向。1985—1999年，位于集群的创新主体与集群、非集群区域的创新合作分别占92.87%、7.13%；而位于非集群的创新主体与集群、非集群区域的创新合作分别占36.17%、63.83%。2000—2008年，位于集群的创新主体与集群、非集群区域的创新合作分别占98.19%、1.81%；而位于非集群的创新主体与集群、非集群区域的创新合作分别占57.62%、42.38%。2009—2015年，位于集群的创新主体与集群、非集群区域的创新合作分别占92.65%、7.35%；而位于非集群的创新主体与集群、非集群区域的创新合作分别占68.13%、31.87%。在三个研究时段，卡方检验结果均显著。

表5-2　　　1985—2015年中国电子信息产业创新合作卡方检验

创新主体	创新伙伴					
	1985—1999年		2000—2008年		2009—2015年	
	集群	非集群	集群	非集群	集群	非集群
集群（次）	664	51	31616	582	231764	18385
非集群（次）	51	90	582	428	18385	8602
卡方值	275.165（p<0.001）		5465.430（p<0.001）		16669.037（p<0.001）	
样本总数（个）	856		33208		277136	

总体上，由于集群和非集群区域创新主体在研发投入、技术积累、创新环境和管理能力等层面具有异质性，位于集群的主体在创新合作的区位选择上具有获取新知识导向，始终倾向于同具有知识溢出优势的集群区域主体合作，形成了中国电子信息产业创新的集群网络模式，支持研究假设H1a。位于非集群的主体在创新合作的区位选择上则具有降低研发成本导向，在第一阶段以创新能力较弱的非集群区域主体合作为主，在第二、三阶段逐渐寻求与集群区域主体合作，但创新合作区位选择的集群指向明显低于集群区域主体，研究假设H1b未得到证实。

二、创新合作空间格局

中国电子信息产业本地和外部创新联系格局（表5-3、图5-3）显示，创新网络的核心节点是集群区域，创新合作呈现由少核主导向多核互联的集群网络模式演化。①从本地创新合作来看，三个研究时段集群本地联系均明显高于非集群本地联系，表明集群能够强化集体学习、促进隐性知识溢出和驱动创新合作。北京具有科研资源禀赋优势，天津、上海、南京、深圳等集群的产业基础良好，是本地创新合作最为密切的区域。②从外部创新合作来看，一方面，创新网络规模与网络密度不断增大。三个研究时段创新网络节点由61个增加至136个再至309个，加权合作关系由246条增加至11854条再至82528条，说明中国电子信息产业创新日益重视外部知识获取，多尺度网络耦合的协同创新态势凸显。另一方面，创新网络空间范围和联系强度与区域创新能级相关，网络中心主要分布在创新能力较强的集群区域。三个研究时段台北、苏州、北京、深圳等集群始终为外部创新网络的核心节点，上海电子信息产业集群在第二阶段发展为新的核心节点，南京、杭州、武汉、广州等集群在第三阶段发展为核心节点，三个研究时段核心节点涉及的外部联系比率分别高达60.77%、85.3%、68.41%，说明外部知识流动主要由核心集群主导，具有显著的空间非均衡性。③多集群网络逐渐成为创新合作的核心子网络。第一阶段的核心知识流为苏州—台北、北京—北京、深圳—台北，创新联系强度依次为80、53、33；第二阶段的核心知识流为深圳—台北、北京—北京、苏州—台北、上海—上海、佛山—台北、北京—深圳，创新联系强度依次为6474、2110、978、904、852、599；第三阶段的核心知识流为北京—北京、深圳—台北、深圳—深圳、北京—南京、上海—上海、南京—南京、苏州—台北、北京—上海、北京—深圳，创新联系强度依次为24096、11691、10396、4575、3443、3178、3140、2316、2199。可见，主要创新流发生在核心集群内部与核心集群之间，以集群网络为核心的创新合作模式逐渐形成。

表5-3　　　1985—2015年中国电子信息产业本地创新联系格局　　　单位：次

排名	1985—1999年		2000—2008年		2009—2015年	
	地区	联系数量	地区	联系数量	地区	联系数量
1	北京市	53	北京市	2110	北京市	24096
2	天津市	16	上海市	904	深圳市	10396
3	上海市	15	青岛市	419	上海市	3443
4	西安市	11	南京市	276	南京市	3178
5	鞍山市	10	深圳市	252	杭州市	1816
6	青岛市	10	杭州市	140	广州市	1096
7	沈阳市	8	广州市	92	苏州市	713
8	武汉市	6	苏州市	37	许昌市	710
9	广州市	6	重庆市	34	佛山市	654
10	哈尔滨市	6	宁波市	34	青岛市	638
11	南昌市	4	天津市	34	无锡市	583
12	杭州市	4	成都市	31	福州市	533
13	成都市	3	武汉市	28	长沙市	436
14	济南市	3	无锡市	28	重庆市	406
15	厦门市	3	西安市	26	武汉市	380

续表

排名	1985—1999年		2000—2008年		2009—2015年	
	地区	联系数量	地区	联系数量	地区	联系数量
16	郑州市	2	常州市	19	西安市	378
17	深圳市	2	珠海市	18	济南市	349
18	太原市	2	兰州市	17	宁波市	349
19	长春市	2	沈阳市	17	南昌市	348
20	潍坊市	2	福州市	16	兰州市	299

注：加粗地区为集群区域。限于篇幅，仅列出本地创新联系数量排名前20位的地区。

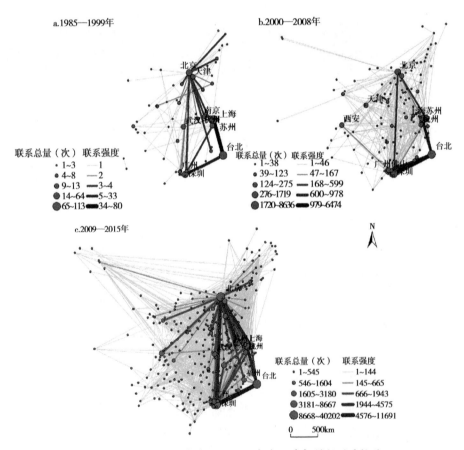

图5-3　1985—2015年中国电子信息产业外部创新联系格局

第三节　集群创新网络格局动态性

一、创新网络主体

1. 创新网络主体类型

中国电子信息产业集群创新网络主体统计结果显示（图5-4）：①伴随集群创新网络从培育到发展再到优化的演变历程，创新主体数量呈现跳跃式的增长，企业逐步成为最主要的创新网络主体。1985—1999年，创新主体数量为348个，企业、高校研究所、其他类型占比分别为42.24%、48.28%、9.48%；2000—2008年，创新主体数量增加到2330个，企业、高校研究所、其他类型占比分别为79.61%、16.4%、3.99%；2009—2015年，创新主体数量高达11337个，企业、高校研究所、其他类型占比分别为83.51%、12.26%、4.23%。可见，创新网络主体呈现出由以高校研究所为主到以企业为主的演变趋势。②不同类型集群的创新网络主体具有差异性。创新引领型（Ⅰ类、Ⅱ类）、创新跟随型（Ⅲ类）、创新孕育型（Ⅳ类）集群创新网络主体数量依次递减，其中，Ⅰ类、Ⅱ类集群不同类型的创新主体数量最多，产学研合作创新模式逐渐完善。③集群创新网络主体在不同生命周期阶段具有差异性。1985—1999年，四类集群均处于萌芽阶段，北京、上海等集群具有高校、科研院所、国家级实验室集聚的优势，高校和研究所作为主要的知识源，占据创新主体总数的55.37%，是Ⅰ类集群最重要的创新网络主体；深圳、苏州等外生集群科教资源相对薄弱，技术知识主要来源于外资企业，企业占据创新主体总数的60.87%；Ⅲ类、Ⅳ类集群创新网络主体以高校和研究所为主。伴随集群逐步成长、成熟，企业的创新主体地位日益凸显，四类集群均以企业为最主要的创新网络主体，其中，Ⅱ类集群创新网络主体中企业所占比例最高。

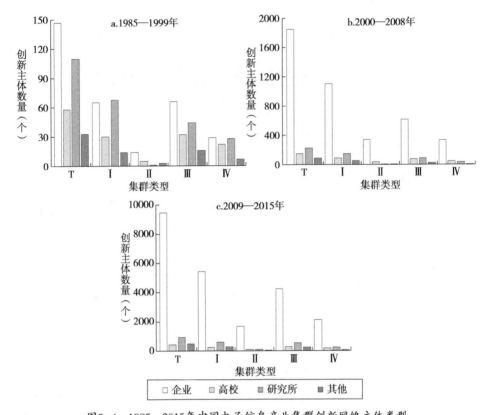

图5-4　1985—2015年中国电子信息产业集群创新网络主体类型

注：T代表集群总体，Ⅰ代表内生创新引领型集群，Ⅱ代表外生创新引领型集群，Ⅲ代表创新跟随型集群，Ⅳ代表创新孕育型集群，下文同。

2. 创新网络核心主体

借助Ucinet软件，测算网络节点的中心性指标，用以识别集群创新网络核心主体。从1985—2015年中国电子信息产业集群创新网络中心度前20位创新主体（表5-4）可以看出，大企业和理工科院校在集群创新网络中处于核心位置，未加权、加权集群创新网络的核心主体存在差异。

对于未加权集群创新网络而言，1985—1999年，技术知识主要来源于高校研究所，清华大学、北京大学、浙江大学、复旦大学、西安交通大学等高校以及中国科学院下属研究所是创新网络的核心主体；2000—2008年，清华大学、浙江大学、上海交通大学、复旦大学、北京大学等高校在创新网络中发挥重要作用，同时，中移动、上海电力、华为、海尔、北大方正集团等电子信息企业凸显为关键节点；2009—2015年，国家电网及其直属产业单位（南瑞集团）、直属科研单位（中国电科院）以及省级电网公司（江苏电力、上海电力）在创新网络中的作用尤为突出，清华大学、上海交通大学、浙江大学、东南大学等高校则是重要的科学知识源。

表5-4　1985—2015年中国电子信息产业集群创新网络中心度前20位创新主体

时间	创新主体	度中心度	创新主体	加权度中心度
1985—1999年	清华大学	20	鸿海精密工业股份有限公司	101
	北京大学	8	富士康（昆山）电脑接插件有限公司	80
	浙江大学	5	富金精密工业（深圳）有限公司	22
	复旦大学	5	清华大学	20
	西安交通大学	5	鸿准精密工业股份有限公司	12
	中科院物理研究所	5	富准精密工业（深圳）有限公司	11
	中国科学技术大学	4	北京大学	9
	华中理工大学	4	浙江大学	7
	北京科技大学	4	复旦大学	7
	西北工业大学	3	西安交通大学	6
	中科院声学研究所	3	青岛海信集团技术中心	6
	中科院上海冶金研究所	3	海信集团公司	6
	中科院化学研究所	3	中科院物理研究所	5
	南开大学	3	中国科学技术大学	4
	华中工学院	3	华中理工大学	4
	海尔集团公司	3	北京科技大学	4
	国家高技术新型储能材料工程开发中心	3	西北工业大学	4
	河南轻工业研究所	3	南京航空学院	4

续表

时间	创新主体	度中心度	创新主体	加权度中心度
1985—1999年	河南机械研究所	3	南方通信（惠州）实业有限公司	4
	北京师范大学	3	常州电池厂	4
2000—2008年	清华大学	107	鸿海精密工业股份有限公司	5144
	浙江大学	58	鸿富锦精密工业（深圳）有限公司	4803
	上海交通大学	52	群创光电股份有限公司	1012
	中国移动通信集团公司	51	群康科技（深圳）有限公司	863
	上海市电力公司	38	富士康（昆山）电脑接插件有限公司	788
	复旦大学	38	佛山市顺德区顺达电脑厂有限公司	746
	北京大学	32	清华大学	724
	华为技术有限公司	32	鸿准精密工业股份有限公司	642
	上海大学	30	富准精密工业（深圳）有限公司	636
	北京邮电大学	26	北大方正集团有限公司	625
	东南大学	25	北京大学	617
	海尔集团公司	24	神达电脑股份有限公司	614
	华中科技大学	23	华为技术有限公司	478
	电子科技大学	22	北大方正电子有限公司	449
	西安交通大学	22	奇美通讯股份有限公司	373
	北大方正集团有限公司	21	深圳富泰宏精密工业有限公司	373
	中山大学	20	海尔集团公司	278
	华南理工大学	20	浙江大学	226
	北京航空航天大学	18	神基科技股份有限公司	220
	北京华铁信息技术开发总公司	17	上海交通大学	185
2009—2015年	国家电网公司	2061	国家电网公司	30406
	中国电力科学研究院	337	鸿海精密工业股份有限公司	11103

续表

时间	创新主体	度中心度	创新主体	加权度中心度
2009—2015年	清华大学	327	鸿富锦精密工业（深圳）有限公司	8413
	江苏省电力公司	257	北京奇虎科技有限公司	5636
	上海市电力公司	220	奇智软件（北京）有限公司	5520
	上海交通大学	197	海洋王照明科技股份有限公司	5322
	浙江大学	183	深圳市海洋王照明技术有限公司	4815
	东南大学	162	江苏省电力公司	4588
	华北电力大学	156	京东方科技集团股份有限公司	4369
	华中科技大学	147	深圳市海洋王照明工程有限公司	4355
	武汉大学	133	中国电力科学研究院	3968
	西安交通大学	132	北大方正集团有限公司	2913
	华南理工大学	129	清华大学	2049
	北京邮电大学	122	北大方正电子有限公司	1477
	重庆大学	115	深圳欧菲光科技股份有限公司	1361
	南京南瑞集团公司	111	苏州欧菲光科技有限公司	1360
	国电南瑞科技股份有限公司	107	南昌欧菲光科技有限公司	1267
	北京航空航天大学	106	北京京东方显示技术有限公司	1199
	电子科技大学	82	富士康（昆山）电脑接插件有限公司	1102
	北京四方继保自动化股份有限公司	81	北京大学	1082

对于加权集群创新网络而言，1985—1999年，同外资企业的创新合作强度较高，鸿海（富士康）科技集团及其子公司等外资企业的加权度中心度数值较大，成为中国电子信息产业集群（尤其是Ⅱ类集群）创新网络培育阶段最核心的技术知识源，其次则为清华大学、北京大学、浙江大学等高校；2000—2008年，基于认知邻近、组织邻近等邻近机制，与中国台湾电子信息

企业合作创新态势更加明显，鸿海（富士康）科技集团及其子公司等外资企业作为中国电子信息产业创新的重要合作伙伴，是创新网络的核心主体，同时，北大方正集团、海尔、华为等大型国有和民营企业在创新网络中开始占据重要位置；2009—2015年，国家电网、北大方正集团等国有企业在创新网络中的地位凸显。

总体上，从创新网络核心企业来看，无论是国有、民营还是外资企业，都具有规模较大、研发活动密集的特征，进而成为创新合作的重要连接对象，例如，国家电网、华为、方正、海信、海洋王、海尔、欧菲光等核心主体均上榜由Clarivate Analytics发布的"2016年中国大陆创新企业百强"，鸿海（富士康）科技集团则是全球3C（电脑、通信、消费性电子）代工服务领域的龙头企业；从创新网络核心高校研究所来看，以知识生产和创新能力较强的理工科院校为主。由此可见，主体的创新能级对创新模式具有重要影响。

二、创新合作关系

1. 创新合作关系类型

中国电子信息产业集群创新合作关系类型统计结果（表5-5）显示，①集群创新合作形式以企业间以及企业和高校研究所的合作为主。1985—1999年，企业—企业、企业—高校研究所的创新合作关系占比分别为12.6%、44.31%，创新合作强度占比分别为37.17%、32.98%；2000—2008年，企业—企业、企业—高校研究所的创新合作关系占比分别为46.54%、38.02%，创新合作强度占比分别为75.06%、20.72%；2009—2015年，企业—企业、企业—高校研究所的创新合作关系占比分别51.16%、33.62%，创新合作强度占比分别为74.78%、20.17%，可见，企业—企业平均创新合作强度要高于企业—高校研究所，企业间合作是最主要的创新合作类型。②不同类型集群创新合作关系的演化存在差异。Ⅰ类集群在1985—1999年以企业—高校研究所合作为主，2000—2008年企业—企业、企业—高校研究所合作均占据重要地位，2009—2015年企业—企业成为最主要的合作形式；Ⅱ类集群在1985—2015年均以企业间合作为主；Ⅲ类、Ⅳ类集群在1985—1999年以企业—高校研究所合作为主，21世纪以来，伴随企业创新主体地位的凸显，企业间的创新合作明显增加。

表5-5　　1985—2015年中国电子信息产业集群创新合作关系类型　　单位：次

关系类型	1985—1999年					2000—2008年					2009—2015年				
	T	I	II	III	IV	T	I	II	III	IV	T	I	II	III	IV
F–F	31	12	6	8	6	1070	669	216	250	213	8781	4720	1237	3285	1926
	142	13	115	9	6	12302	2505	8128	782	1632	100408	50987	34207	23961	16203
F–U	66	30	5	32	15	635	343	79	295	83	3426	1494	325	1884	627
	77	35	6	37	20	2754	1898	910	827	166	11187	6741	2015	5026	1328
F–R	43	21	0	20	8	239	175	16	51	26	2345	1352	168	1031	499
	49	21	0	21	13	642	505	28	103	56	15888	11418	1529	4823	3362
F–O	8	3	2	3	3	49	36	4	9	6	548	335	55	232	86
	8	3	2	3	3	71	57	4	11	6	1329	932	108	472	314
U–U	5	4	0	2	0	67	39	3	34	9	335	134	18	198	78
	6	5	0	3	2	169	110	4	118	10	581	254	54	317	112
U–R	39	25	0	15	11	135	102	1	52	18	952	481	41	556	201
	41	27	0	17	11	255	191	1	112	31	2605	1229	221	1665	588
U–O	10	6	0	6	0	41	26	2	13	5	208	100	4	118	26
	11	6	0	7	0	73	48	2	23	5	388	205	6	230	35
R–R	27	20	0	6	0	38	29	0	13	3	367	259	14	156	88
	31	21	0	9	6	94	80	0	20	6	1420	1158	38	413	339
R–O	14	7	1	4	7	22	15	1	4	2	170	101	10	74	21
	14	7	1	4	7	26	19	1	4	2	401	206	12	142	122
O–O	3	1	0	2	0	3	1	1	1	0	32	14	0	19	3
	3	1	0	2	0	3	1	1	1	0	60	27	0	34	5

注：F代表企业，U代表高校，R代表研究所，O代表其他；每种关系类型第一、第二行分别为未加权、加权合作关系数量。

2. 创新合作强联系

依据主体间合作强度，将创新合作关系分为强联系和弱联系，其中，强联系在促进复杂知识传递、增强主体间信任等层面更具优势（Larson et al.，2013）。通过分析1985—2015年中国电子信息产业集群创新网络强联系（表5-6），研究发现，①强联系的合作形式主要表现为以具有投资关联的总部—分支机构和合资企业为主的企业间合作、以创新能级较高的企业和高校研究所为主的产学研合作。例如，鸿海（富士康）科技集团的中国台湾总部同其在深圳、苏州、武汉等地的制造基地形成了紧密的创新合作，可见全球网络成为企业搜索、获取外部知识的重要途径，同时有赖于强联系来促进知识溢出、提高创新绩效（Patel & Terjesen，2011）；京东方的北京总部同合肥、成都等地的分支机构，欧菲光的深圳总部同苏州、南昌等地的分支机构，国家电网、海尔、海洋王、海信等集团的母公司同子公司之间的合作创新强度均较高。此外，华为、鸿海（富士康）科技集团大陆子公司等同清华大学、北京邮电大学、电子科技大学、西安电子科技大学、中国科学技术大学等电子信息类一流学科建设高校形成了紧密的产学研合作。②不同类型集群的创新网络强联系存在差异。创新引领型（Ⅰ类、Ⅱ类）集群的合作强度明显高于创新跟随型（Ⅲ类）和创新孕育型（Ⅳ类）集群。北京、上海等内生创新引领型集群具有科研资源集聚的优势，基于地理邻近机制，强联系形式主要表现为本地企业间合作以及企业、高校衍生企业同本地科研机构的创新合作；深圳、苏州等外生创新引领型集群的强联系主要表现为基于组织邻近、认知邻近机制形成的与中国台湾企业为主的境外尺度创新合作；Ⅲ类集群的联系强度主要受组织邻近、认知邻近影响，强联系主要体现为与国内企业、高校研究所的远距离合作；Ⅳ类集群的联系强度主要受地理距离影响，强联系主要体现为与本地企业的创新合作。

表5-6　　　1985—2015年中国电子信息产业集群创新网络强联系

时间	I	II	III	IV
1985—1999年	国家高技术新型贮能材料工程开发中心—浙江大学（3）	富士康（昆山）电脑接插件有限公司—鸿海精密工业股份有限公司（80）	天津大学—天津市交通工程科学研究所（4）	海信集团有限公司—青岛海信集团技术中心（6）
	北京邮电大学—南方通信（惠州）实业有限公司（3）	富金精密工业（深圳）有限公司—鸿海精密工业股份有限公司（21）	浙江大学—国家高技术新型贮能材料工程开发中心（3）	南方通信（惠州）实业有限公司—北京邮电大学（3）
2000—2008年	清华大学—鸿富锦精密工业（深圳）有限公司（289）	鸿富锦精密工业（深圳）有限公司—鸿海精密工业股份有限公司（4285）	旭丽电子（广州）有限公司—光宝科技股份有限公司（99）	佛山市顺德区顺达电脑厂有限公司—神达电脑股份有限公司（550）
	北大方正集团有限公司—北大方正电子有限公司（218）	群康科技（深圳）有限公司—群创光电股份有限公司（863）	电子科技大学—华为技术有限公司（74）	佛山市顺德区顺达电脑厂有限公司—神基科技股份有限公司（196）
	北京大学—北大方正电子有限公司（215）	富士康（昆山）电脑接插件有限公司—鸿海精密工业股份有限公司（788）	熊猫电子集团有限公司—南京熊猫电子股份有限公司（61）	海信集团有限公司—青岛海信电器股份有限公司（70）
	北京大学—北大方正集团有限公司（206）	富准精密工业（深圳）有限公司—鸿准精密工业股份有限公司（636）	中星电子股份有限公司—北京中星微电子有限公司（40）	海尔集团公司—青岛海尔电子有限公司（53）
	大唐移动通信设备有限公司—上海大唐移动通信设备有限公司（159）	深圳富泰宏精密工业有限公司—奇美通讯股份有限公司（373）	中国科学技术大学—华为技术有限公司（38）	海尔集团公司—青岛海尔通信有限公司（51）
	清华大学—北京维信诺科技有限公司（73）	鸿富锦精密工业（深圳）有限公司—清华大学（289）	西安电子科技大学—华为技术有限公司（36）	佛山普立华科技有限公司—鸿海精密工业股份有限公司（44）

续表

时间	I	II	III	IV
2009—2015年	北京奇虎科技有限公司—奇智软件（北京）有限公司（5520）	鸿富锦精密工业（深圳）有限公司—鸿海精密工业股份有限公司（7884）	江苏省电力公司—国家电网公司（1738）	南昌欧菲光科技有限公司—深圳欧菲光科技股份有限公司（482）
	国家电网公司—中国电力科学研究院（1902）	深圳市海洋王照明技术有限公司—海洋王照明科技股份有限公司（2768）	东莞宇龙通信科技有限公司—宇龙计算机通信科技（深圳）有限公司（747）	南昌欧菲光科技有限公司—苏州欧菲光科技有限公司（480）
	国家电网公司—江苏省电力公司（1738）	深圳市海洋王照明工程有限公司—海洋王照明科技股份有限公司（2358）	合肥京东方光电科技有限公司—京东方科技集团股份有限公司（686）	许继集团有限公司—国家电网公司（313）
	京东方科技集团股份有限公司—北京京东方显示技术有限公司（1199）	深圳市海洋王照明工程有限公司—深圳市海洋王照明技术有限公司（1916）	鸿富锦精密工业（武汉）有限公司—鸿海精密工业股份有限公司（600）	厦门天马微电子有限公司—天马微电子股份有限公司（255）
	北大方正集团有限公司—北大方正电子有限公司（1084）	富泰华工业（深圳）有限公司—鸿海精密工业股份有限公司（1056）	合肥鑫晟光电科技有限公司—京东方科技集团股份有限公司（504）	许继集团有限公司—许继电气股份有限公司（228）
	英业达科技有限公司—英业达股份有限公司（973）	富士康（昆山）电脑接插件有限公司—鸿海精密工业股份有限公司（903）	成都京东方光电科技有限公司—京东方科技集团股份有限公司（500）	珠海金山办公软件有限公司—北京金山办公软件有限公司（214）
	京东方科技集团股份有限公司—北京京东方光电科技有限公司（885）	宇龙计算机通信科技（深圳）有限公司—东莞宇龙通信科技有限公司（747）	南京南瑞集团公司—国家电网公司（273）	许继电气股份有限公司—许昌许继软件技术有限公司（210）

注：括号内为创新联系数量（单位为次）。

三、创新网络空间组织

1. 创新网络空间尺度

中国电子信息产业集群创新合作空间尺度（图5-5）显示，①集群创新网络具有显著的尺度异质性，不同类型集群的创新合作空间尺度存在差异。1985—2015年，四类集群创新结网集中于集群本地尺度、集群间国家尺度、集群间境外尺度，同非集群以及区域尺度的集群创新合作较少，其中，Ⅰ、Ⅲ、Ⅳ类集群以本地尺度的集群内和国家尺度的集群间合作为主，Ⅱ类集群则以境外尺度的集群间合作为主。②集群不同生命周期阶段的创新合作空间尺度具有动态性，多空间尺度的知识流动和创新网络耦合成为集群创新合作的主导方向。1985—1999年，中国电子信息产业集群整体处于生命周期的萌芽阶段，创新合作在单一空间尺度上高度集中，其中，深圳、苏州同台湾地区的电子信息产业集群的创新合作高达91.13%，而经济开发区和高科技园区作为主体间合作创新的重要空间载体，Ⅰ、Ⅲ、Ⅳ类集群本地尺度创新合作所占比重较

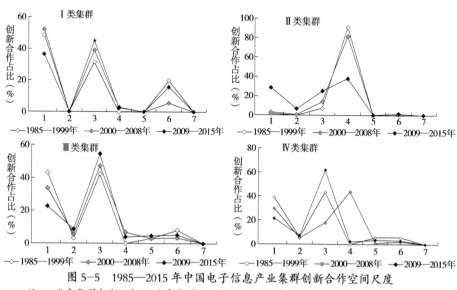

图 5-5　1985—2015 年中国电子信息产业集群创新合作空间尺度

注：1代表集群本地尺度，2代表集群间区域尺度，3代表集群间国家尺度，4代表集群间境外尺度，5代表集群非集群区域尺度，6代表集群非集群国家尺度，7代表集群非集群境外尺度。

高。21世纪以来，伴随中国电子信息产业集群逐步成长、成熟，创新合作呈现由单一空间尺度为主到多空间尺度耦合的演变趋势，符合Bathelt等（2004）提出的"本地蜂鸣—全球管道"理论模型。例如，Ⅰ类集群在国家尺度的集群间合作、Ⅱ类型集群在本地尺度以及国家尺度的集群间合作均有显著提升。

2. 创新网络空间距离

中国电子信息产业集群创新合作平均空间距离测算结果（图5-6）显示，创新网络空间距离呈现由大幅波动到逐渐平稳的演变态势，Ⅰ、Ⅱ、Ⅳ类集群创新网络空间距离渐趋减小，Ⅲ类集群则渐趋增大。1985—1999年，中国电子信息产业集群处于创新网络培育阶段，区域创新系统尚未形成，受1992年邓小平南巡讲话、1997年亚洲金融危机爆发等事件的综合影响，产业发展

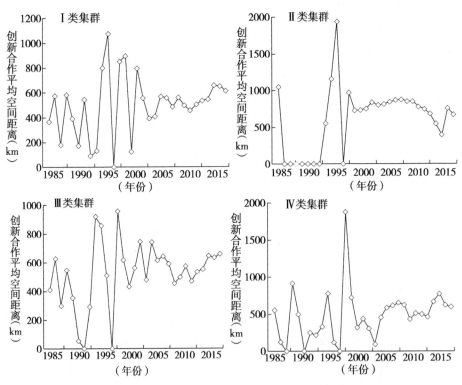

图5-6 1985—2015年中国电子信息产业集群创新合作平均空间距离

环境不断变化，使该阶段创新合作平均地理距离处于大幅波动状态。2000—2008年，集群创新网络进入发展阶段，在全球电子信息产业进一步向中国转移、国家确立电子信息产业创新"走出去"的战略导向、中国加入世贸组织等因素的共同影响下，中国电子信息产业发展环境、区域创新系统逐步优化，国家尺度、境外尺度的集群外部联系不断增加，创新网络空间距离呈现高位平稳的演变态势。2009年以来，集群创新网络进入优化阶段，国家立足于增强产业自主创新能力，本地、区域、国家、全球等不同空间尺度的创新耦合成为中国电子信息产业集群的创新导向。Ⅰ、Ⅱ类集群相继进入创新成熟期，本地、区域、国家等空间尺度的创新网络相对完善，创新网络空间距离呈现减小趋势；Ⅲ类集群处于创新发展的快速成长期，非本地尺度的跨集群联系增加，创新网络空间距离呈现增大趋势；Ⅳ类集群创新发展相对滞后，跨集群的外部联系相对较少，创新网络空间距离则呈现减小趋势。

四、创新网络结构

1. 创新网络拓扑结构

中国电子信息产业集群创新网络拓扑结构图（图5-7）显示，创新网络规模不断扩大，创新合作关系日益增多，核心主体的度中心度大幅提高，网络联系强度具有显著的不均衡性，创新网络"核心—边缘"模式凸显，呈现网络中心及多个子网。1985—1999年，创新网络主体数量为348个，创新合作关系为246条，高校研究所是创新网络培育阶段的主要知识源，度中心度相对较高，网络联系强度的基尼系数数值为0.348，具有相对均衡性；2000—2008年，创新网络主体、合作关系分别增加至2330个、2299条，知识生产和创新能级较高的理工科院校和大企业等网络核心主体的度中心度提高，网络联系强度的基尼系数数值高达0.804，呈现高度不均衡性；2009—2015年，创新网络主体、合作关系分别高达11337个、17164条，以国家电网为核心主体，形成了一个网络结构最密集的核心子网络，网络联系强度的基尼系数数值为0.799，创新网络呈现明显的层级结构，创新合作集中于国家电网、鸿海（富

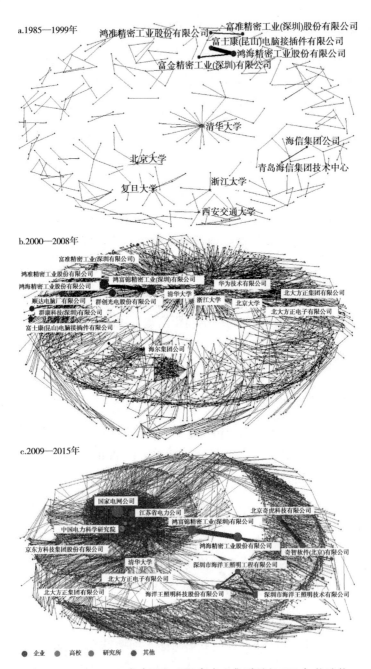

图5-7　1985—2015年中国电子信息产业集群创新网络拓扑结构

注：节点大小依据加权度中心度指标设置，线条粗细代表网络联系强弱；为简化网络线，将
2009—2015年网络联系的阈值设为3。

士康）、海洋王、京东方、方正等集团的总部和分支机构、母子公司之间形成的强联系，同时存在大量处于网络边缘位置的弱联系。

借助Ucinet软件对1985—2015年中国电子信息产业集群创新网络拓扑结构、复杂网络特性等进行定量分析（表5-7），结果显示，①集群创新逐渐呈现网络化范式。网络规模、合作关系、平均度、平均加权度明显增加，表明创新网络主体持续增多，平均每个创新主体所拥有的合作伙伴数量、合作强度均呈现增长趋势，合作创新日益成为中国电子信息产业集群技术创新的重要形式。②集群创新网络趋向于小世界网络。中国电子信息产业集群创新网络的平均路径长度值均小于随机网络理论值，群集系数值均大于随机网络理论值，集群创新网络兼具较小的平均路径长度和较大的群集系数，符合小世界网络特征。③集群创新网络择优连接性逐步显现。1985—2015年，对于未加权、加权集群创新网络而言，度度相关性系数均为负值，尽管在集群创新网络的培育和发展阶段，相关性并不显著，但也表现出异向匹配的特征；在集群创新网络优化阶段，度度相关性系数则显著为负，表明度数小的创新主体倾向于同度数大的创新主体合作，网络连接呈现异配性，主体创新能级在创新结网中发挥关键作用。

2. 创新网络空间结构

1985—2015年中国电子信息产业集群本地与外部创新网络空间结构（表5-8、图5-8）显示，①不同创新能级的集群，其创新网络空间范围和联系强度具有显著差异。1985—1999年，创新资源禀赋的先天优势促进了北京电子信息产业集群本地创新合作的形成，也使得其成为外部创新网络的核心节点；天津、上海等区域则依托产业基础、区位条件，成为本地创新联系较为密集的集群；深圳、苏州等集群则以外部创新合作为主，占据外部创新网络的核心位置。2000—2008年，北京、上海等创新能级较高的集群，既形成了较为密集的本地创新合作，同时又成为外部创新网络的核心节点；青岛、南京等集群以本土大企业、高校科研院所为核心的本地创新合作相对密集；深圳、

表5-7　1985—2015年中国电子信息产业集群创新网络拓扑结构

时间	集群类型	创新主体（个）	合作关系（次）	合作关系（次）	平均度	平均度*	网络密度	平均路径长度	平均路径长度**	群集系数	群集系数**	度度相关性	度度相关性*
1985—1999年	T	348	246	382	1.414	2.195	0.0041	2.218	9.693	0.469	0.005	-0.653（0.112）	-0.211（0.469）
	I	173	129	139	1.491	1.607	0.0087	2.318	8.724	0.404	0.000	-0.495（0.258）	-0.482（0.227）
	II	23	14	124	1.217	10.783	0.0553	1.545	3.351	0.000	0.000	1.000（0.007）	-0.210（0.652）
	III	158	98	112	1.241	1.418	0.0079	1.329	5.429	0.438	0.000	-0.871（0.055）	-0.934（0.006）
	IV	86	55	65	1.279	1.512	0.0150	1.434	4.328	0.352	0.105	-0.013（0.987）	-0.781（0.119）
2000—2008年	T	2330	2299	16389	1.978	14.063	0.0008	4.863	9.886	0.534	0.000	-0.365（0.040）	-0.206（0.041）
	I	1407	1435	5414	2.040	7.696	0.0015	4.653	9.522	0.533	0.001	-0.564（0.003）	-0.337（0.005）
	II	403	323	9079	1.603	45.057	0.0040	3.624	10.501	0.415	0.000	-0.460（0.154）	-0.148（0.306）
	III	817	722	2001	1.767	4.898	0.0022	4.767	8.889	0.386	0.004	-0.435（0.063）	-0.328（0.030）
	IV	436	351	1052	1.610	4.826	0.0037	2.641	10.212	0.370	0.006	-0.280（0.404）	-0.297（0.111）
2009—2015年	T	11337	17164	134267	3.028	23.687	0.0003	4.098	8.414	0.583	0.001	-0.335（0.001）	-0.143（0.009）
	I	6602	8990	73157	2.723	22.162	0.0004	3.675	8.702	0.545	0.000	-0.242（0.064）	-0.102（0.133）
	II	1962	1872	38190	1.908	38.930	0.0010	5.177	11.236	0.341	0.000	-0.577（0.002）	-0.072（0.359）
	III	5325	7553	37083	2.837	13.928	0.0005	4.204	8.313	0.433	0.000	-0.558（0.000）	-0.232（0.002）
	IV	2669	3497	22828	2.620	17.106	0.0010	4.071	7.949	0.423	0.000	-0.519（0.000）	-0.242（0.004）

注：为考察集群创新网络拓扑结构的可达性和集聚性，构建随机网络模型，泛模型平均度分布与实际网络平均度分布一致；* 指标为加权网络数值；** 指标为随机网络理论值，括号内为p值。

苏州、佛山等集群的创新结网则主要集中于国家及境外尺度。2009—2015年，北京、上海、深圳、苏州、南京、杭州等集群，既注重本地知识流动和溢出，也重视外部知识获取，本地创新网络和外部创新网络均得以优化，呈现出多尺度网络耦合、协同创新的态势。②集群外部创新网络呈现由"少核主导"向"多核互联"的演变态势。在第一阶段，主要创新联系流呈现由苏州—台北、深圳—台北组成的双边结构；在第二阶段，由深圳—台北、台北—苏州/上海、上海—北京、北京—深圳构成的类三角形结构承载了核心的创新联系流；在第三阶段，由广深、台北、沪苏杭、京津、武汉、成都等核心节点构成的多边结构成为集群创新合作的核心网络干线，可见伴随中国电子信息产业由京津冀与珠三角引领、长三角跟进、再向中西部转移的发展演变，以集群网络为主导的多核互联的创新合作模式逐渐形成。③地理邻近有助于促进创新合作，但地理距离对集群创新网络空间组织的影响减弱。纵观中国电子信息产业集群创新网络由培育到发展再到优化的演化历程，集群本地创新合作显著提升，同时集群外部创新网络线日益密集，强联系主要发生在创新能级较高的集群之间，地理距离并未明显制约知识流动与创新合作。

表5-8   1985—2015年中国电子信息产业集群本地创新联系格局   单位：次

排名	1985—1999年		2000—2008年		2009—2015年	
	地区	联系数量	地区	联系数量	地区	联系数量
1	北京市	53	北京市	2110	北京市	24096
2	天津市	16	上海市	904	深圳市	10396
3	上海市	15	青岛市	419	上海市	3443
4	西安市	11	南京市	276	南京市	3178
5	青岛市	10	深圳市	252	杭州市	1816
6	武汉市	6	杭州市	140	广州市	1096
7	广州市	6	广州市	92	苏州市	713
8	南昌市	4	苏州市	37	许昌市	710

续表

排名	1985—1999 年		2000—2008 年		2009—2015 年	
	地区	联系数量	地区	联系数量	地区	联系数量
9	杭州市	4	重庆市	34	佛山市	654
10	成都市	3	宁波市	34	青岛市	638
11	济南市	3	天津市	34	无锡市	583
12	厦门市	3	成都市	31	福州市	533
13	郑州市	2	武汉市	28	长沙市	436
14	深圳市	2	无锡市	28	重庆市	406
15	重庆市	1	西安市	26	武汉市	380
16	南京市	1	常州市	19	西安市	378
17	常州市	1	珠海市	18	济南市	349
18	石家庄市	1	兰州市	17	宁波市	349
19	长沙市	1	福州市	16	南昌市	348
20	兰州市	1	长沙市	15	兰州市	299
21	福州市	1	许昌市	12	天津市	283
22	苏州市	0	合肥市	11	东莞市	281
23	许昌市	0	东莞市	10	成都市	257
24	佛山市	0	郑州市	9	合肥市	217
25	无锡市	0	济南市	6	石家庄市	204
26	宁波市	0	佛山市	6	郑州市	177
27	东莞市	0	嘉兴市	5	常州市	172
28	合肥市	0	厦门市	5	珠海市	151
29	珠海市	0	石家庄市	3	惠州市	150
30	惠州市	0	惠州市	1	嘉兴市	84
31	嘉兴市	0	南昌市	0	厦门市	49
32	绵阳市	0	绵阳市	0	绵阳市	24

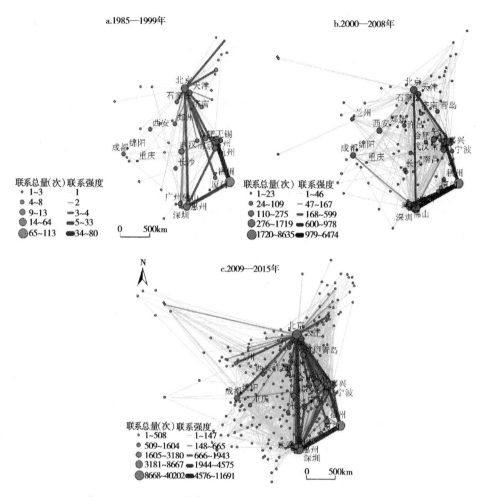

图5-8 1985—2015年中国电子信息产业集群外部创新联系格局

第四节 本章小结

　　本章研究的重点在于回答中国电子信息产业不同类型、不同生命周期阶段集群创新网络的格局演化问题。基于1985—2015年中国电子信息产业联合申请发明专利数据构建创新网络，运用卡方检验验证集群网络假说；进而，对四类集群的创新网络主体、创新合作关系、创新网络尺度、创新网络结构的动态性进行比较分析，得出如下主要研究结论。

第一，中国电子信息产业创新合作的空间组织呈现集群网络模式。卡方检验结果显示，集群和非集群区域的创新主体在创新合作的区位选择上具有显著差异性，集群区域的创新主体更倾向于同集群区域的创新主体合作创新，证实了集群网络假说（H1a）。集群成为本地创新合作的重要空间载体，同时，区域外部联系的区位选择也具有显著的集群指向。区域创新能级影响外部创新网络空间范围和联系强度，创新能级较高的集群成为网络中心城市，集群间网络逐渐成为中国电子信息产业跨界创新网络的核心子网络。

第二，不同类型、不同生命周期阶段的集群网络格局演化具有异质性。从创新网络主体来看，集群萌芽阶段，企业创新能力较弱，高校和研究所具有一定的知识积累，Ⅰ、Ⅲ、Ⅳ类集群创新网络主体以高校和研究所为主；Ⅱ类集群科教资源相对薄弱，技术知识主要来源于外资企业，企业是最重要的创新网络主体。伴随集群逐步成长、成熟，企业创新主体地位日益凸显。研发活动密集的大企业和知识创新能力较强的理工科院校成为创新网络的核心主体。从创新合作关系来看，Ⅰ类集群依托科研资源禀赋优势，形成了本地企业之间以及企业、高校衍生企业同本地科研机构之间的创新强联系；Ⅱ类集群的强联系主要表现为与中国台湾企业为主的境外尺度创新合作；Ⅲ类集群的强联系主要体现为与国内企业、高校研究所的远距离合作；Ⅳ类集群的强联系主要体现为与本地企业的创新合作。从创新网络空间尺度来看，集群萌芽阶段，创新合作在单一空间尺度上高度集中，Ⅰ、Ⅲ、Ⅳ类集群以本地尺度的集群内合作为主，Ⅱ类集群则以境外尺度的集群间合作为主；此后，不同空间尺度的网络耦合成为集群创新导向，创新合作符合"本地蜂鸣—全球管道"理论模型。相继进入创新成熟期的Ⅰ、Ⅱ类集群，不同空间尺度的创新网络趋于稳定，创新网络空间距离呈现减小趋势；处于快速成长期的Ⅲ类集群，非本地尺度的跨集群联系增加，创新网络空间距离呈现增大趋势；发展相对滞后的Ⅳ类集群，跨集群的外部联系相对较少，创新网络空间距离呈现减小趋势。从创新网络结构来看，网络联系强度的非均衡性加剧，"核心—边缘"层级结构凸显，趋向于小世界网络，集群网络具有择优连接性，主体创新能级在创新结网中发挥关键作用，集群外部创新网络呈现由"少核主导"向"多核互联"的演变态势。

第六章
中国电子信息产业集群创新网络的演化路径

相比于单集群创新网络，多集群创新网络是涉及不同类型、不同生命周期阶段集群创新耦合的更为复杂的创新生态系统。多集群创新网络演化是否遵循演化经济学的第一定律，即"路径依赖"？多集群创新网络的空间组织有何规律性与动态性？本章试图通过对中国电子信息产业集群创新网络位置演化路径、集群创新网络结构演化路径的分析来回答上述问题。首先，介绍分析网络位置、网络结构形成机制和网络社区结构的块模型、二次指派程序和 Infomap 算法；其次，基于经验研究分析结果，探讨集群创新网络"核心—边缘"位置、社区结构的演化路径，同时对第三章第三节提出的不同生命周期阶段集群创新网络形成的多维邻近性机制的动态性（H2a-H2d）以及邻近性交互作用（H3a-H3b）等研究假设进行验证。

第一节　集群创新结网模式演化路径

矩阵图能够较好地呈现拓扑关系和网络属性，是分析集群创新结网模式及动态性的有效表征工具。本书借助 Pajek 软件，按照环渤海、长三角、珠三角和福厦沿海、中西部的地理位置进行集群分组与排列，绘制中国电子信息产业集群创新网络矩阵图（图6-1）。三个研究时段（1985—1999年，2000—2008年，2009—2015年）的集群创新联系数量差异较大，偏度系数分别为6.07、9.47、14.36，峰度系数分别为41.88、102.88、236.32，呈现高度偏态分布。为增加矩阵图的可读性，研究采用封顶方法处理数据，将三个研究时段创新联系数量的最高值分别设置为20条、500条、2000条，其余分析使用的均为创新联系的原始值。矩阵图中格子颜色的深浅表示集群创新联系的强弱，白色格子代表缺乏创新联系；沿矩阵对角线的深色格子代表密集的集群本地创新联系，靠近矩阵对角线的深色块代表密集的近距离集群间创新联系，远离矩阵对角线的深色块代表密集的远距离跨集群创新联系。

中国电子信息产业集群创新网络矩阵图（图6-1）显示，①集群本地和集群间的创新结网日趋频繁。第一阶段矩阵图以白色格子为主，灰色格子数量很少，集群创新合作缺乏；第二阶段矩阵图出现少数深灰色格子，白色格子数量减少，呈现以核心集群为主的本地和跨界创新结网模式；第三阶段矩阵图仅存在少量白色格子，且深灰色格子数量明显增加，呈现多集群跨界互联的创新结网模式。集群创新结网模式的演化特征表明，中国电子信息产业在强化创新驱动发展的背景下，整合集群本地以及其他集群等多空间尺度的创新资源，协同关键核心技术成为其创新的重要路径。②集群创新结网从基于地方根植性的本地知识溢出，发展到基于认知和社会等邻近性的跨集群知识获取。1985—1999年少量深灰色格子零星布局在矩阵对角线区域，2000—2008年深灰色格子主要沿矩阵对角线分布，深色块主要布局在靠近矩阵对角

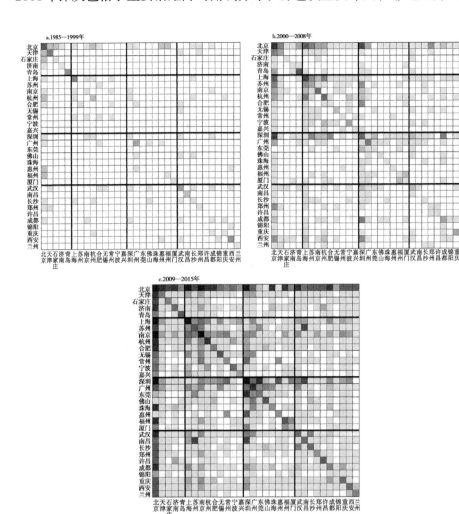

图6-1　1985—2015年中国电子信息产业集群创新网络矩阵图

注：按照地理位置进行集群分组与排列。

线的区域，表明该时期地理因素是集群创新结网最为关键的影响因子，地理
邻近是集群创新合作的重要驱动力。2009—2015年大量深灰色格子出现在非
矩阵对角线区域，深色块的分布也不再局限于靠近矩阵对角线的区域，创新
结网的地理距离伴随时间的推移而增加，更大空间尺度的多集群创新合作日
益密切，表明认知、社会等其他邻近弥补了地理邻近的缺失，促进了复杂性
或敏感性知识的远距离溢出，驱动了多集群多空间尺度的创新耦合。

第二节　集群创新网络位置演化路径

一、对等性分析与块模型构建

对等性分析是社会网络理论中研究网络位置和社会角色的基础，用于判
断行动者是否拥有相同（相似）的关系模式，若相同（相似）则表明行动者
具有相同（相似）的位置或角色，可将其划入具有同一意义的类别中（Scott,
2000）。依据相同性（相似性）界定的差异，可将对等性分为结构对等性
（structural equivalence）、正则对等性（regular equivalence）、自同构对等性
（automorphic equivalence）等（刘军，2004）。已有研究主要基于结构对等性
和正则对等性对旅游客流网络、贸易网络、投资网络等网络进行了位置与角
色分析（刘法建等，2010；程中海、冯梅，2017；杨文龙等，2017）。其中，
在一个网络关系中，若两个节点相互替换之后，整个网络结构不会发生改变，
则认为其具有结构对等性；若一类节点与另一类节点之间具有相似的关系，
但并不一定满足与等同的行动者具有相同的关系，则认为其具有正则对等性。
可见，结构对等性是正则对等性的一个特例，正则对等性比结构对等性更具
普遍性（Wasserman & Faust，1994）。

块模型（Block Models）依据对等性对网络节点进行分类，能够描述网络
的整体结构，揭示节点在复杂网络结构中所属的位置（类别）以及相互关系，

是研究复杂网络结构和关系模式的重要方法（Doreian et al.，2005）。块模型包含一个分区文件和一个影矩阵，分区文件用以划分网络节点的类别，影矩阵用以界定类别内部以及类型之间的关系类型。块模型分析中的一个重要环节是围绕所研究问题，正确定义网络关系的对等性，进而基于对等性将复杂网络转化为简单的图结构。传统块模型分析在设置矩阵中的块类型时须选择一个特定的对等性应用于整个网络，其中，结构对等性块模型中的块类型必须为全型块或无型块，正则对等性块模型中的块类型必须为全型块、无型块或正则块。广义块模型（Generalized Block Models）作为前沿的块模型分析方法，能够单独定义每个块的对等性，从而构建不同块类型组合的模型，以便更好地反映复杂网络结构特征（Nooy et al.，2011）。

本书基于中国电子信息产业集群创新网络数据，借助 Pajek 软件，运用广义块模型来分析集群之间的创新合作关系和交互过程，明晰集群在创新网络中所处位置的动态性，进而探寻集群网络位置演化路径。广义块模型的构建步骤如下：

①设定网络包含的类别数目，即集群创新网络中的位置类型。世界体系理论、全球贸易网络、全球价值网络、跨国投资网络等研究均指出网络遵循"核心—边缘"层级结构（Wallerstein，1974；Nemeth & Smith，1985；Glückler & Doreian，2016；杨文龙等，2017），相关研究则进一步对"核心—边缘"网络结构进行了位置划分。例如，Gao 和 Guan（2011）以及程中海和冯梅（2017）分别将创新网络以及贸易网络划分为核心、强半边缘、弱半边缘、边缘 4 类位置；Mahutga（2006）将贸易网络划分为核心、强半边缘、弱半边缘、强边缘、弱边缘 5 类位置；Glückler 和 Doreian（2016）将全球价值网络划分为核心、集成、卫星、边缘、孤立 5 类位置。

鉴于中国电子信息产业集群创新网络呈现"核心—边缘"模式，参考已有研究，本书界定 4 类创新网络位置（图 6-2a）。位置 1 为核心集群，该类集群同核心、强半边缘、弱半边缘集群均开展创新合作；位置 2 为强半边缘集群，该类集群同核心和强半边缘集群开展创新合作；位置 3 为弱半边缘集群，该类集群创新合作对象为核心集群；位置4为边缘集群，该类集群在创新网络中处于相对孤立位置。

②设置理想影矩阵，即集群创新网络的关系模式。结合集群创新网络位置的定义，设置创新合作关系模式（图6-2b），核心集群内部为全型块，核心集群与强半边缘集群、弱半边缘集群为正则块，强半边缘集群内部为正则块，其余则为无型块。

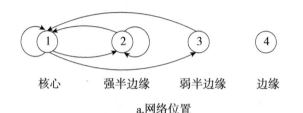

	1	2	3	4
1	com	reg	reg	null
2	reg	reg	null	null
3	reg	null	null	null
4	null	null	null	null

a.网络位置   b.影矩阵

图6-2　网络位置定义

注：com代表全型块、reg代表正则块、null代表无型块。

二、集群创新网络"核心—边缘"位置分析

鉴于集群创新联系数量的高度偏态分布，为避免少数联系影响网络位置的判断，研究将32个集群内与集群间的创新联系强度按照从强到弱的标准进行排序，提取累计百分比达到95%的创新联系，据此进行广义块建模。广义块模型误差矩阵显示（表6-1），1985—1999年、2000—2008年、2009—2015年块模型的误差分数分别为13个、10个、1个（总计32×31=1024个格子），误差分数较小，表明基于广义块建模的集群创新网络位置分区方案较优。

中国电子信息产业集群创新网络"核心—边缘"块模型的网络位置分区结果（表6-2）显示，①集群创新网络"核心—边缘"格局有所优化。1985—1999年，仅有1个集群位于网络核心位置，而位于网络边缘位置的集群有17个；2000—2008年，网络核心、强半边缘、弱半边缘、边缘位置的集群数量分别为4个、12个、4个、12个；2009—2015年，网络核心位置的集群增加至5个，网络强半边缘位置的集群增加至16个，网络边缘位置的集群减少至1个，表明中国电子信息产业集群日益重视外部知识获取和创新协作，网络式

表6-1　1985—2015年中国电子信息产业集群创新网络广义块模型误差矩阵

1985—1999年	核心	强半边缘	弱半边缘	边缘	2000—2008年	核心	强半边缘	弱半边缘	边缘	2009—2015年	核心	强半边缘	弱半边缘	边缘
核心	0	3	0	0	核心	0	0	0	0	核心	0	0	0	0
强半边缘	3	0	0	1	强半边缘	0	0	0	1	强半边缘	0	0	0	0
弱半边缘	0	0	0	0	弱半边缘	0	0	1	0	弱半边缘	0	0	1	0
边缘	0	1	0	5	边缘	0	1	0	7	边缘	0	0	0	0

表6-2　1985—2015年中国电子信息产业集群创新网络位置分区

时间	核心	强半边缘	弱半边缘	边缘
1985—1999年	北京	上海、深圳、杭州、天津、广州、南京、武汉、郑州、济南、常州	合肥、福州、惠州、石家庄	苏州、西安、东莞、青岛、南昌、成都、厦门、无锡、兰州、长沙、重庆、佛山、绵阳、嘉兴、宁波、许昌、珠海
2000—2008年	北京、上海、深圳、杭州	天津、广州、南京、武汉、郑州、苏州、西安、合肥、宁波、东莞、长沙、青岛	济南、成都、珠海、兰州	南昌、嘉兴、惠州、重庆、无锡、福州、厦门、常州、许昌、佛山、绵阳、石家庄
2009—2015年	北京、上海、深圳、广州、南京	杭州、天津、武汉、苏州、西安、合肥、东莞、长沙、福州、济南、南昌、惠州、常州、厦门、成都、石家庄	无锡、嘉兴、珠海、兰州、许昌、佛山、青岛、郑州、重庆、宁波	绵阳

创新逐渐凸显。②集群创新网络位置同集群创新能级具有相关性。北京、上海、深圳、广州、南京、杭州等创新能级高的集群占据网络核心位置，这些集群在产业基础、研发资源、市场化程度、创新氛围等层面具有相对优势，是中国电子信息产业创新高地，成为产业创新重要的技术知识源；而网络边

缘位置的集群则多为处于技术生命周期的初期成长阶段、创新能级较低的集群。③集群创新网络呈现由单中心向多中心的演变趋势。知名高校、国家级科研机构高度集聚的优势促使北京成为早期集群创新网络核心；伴随电子信息产业的发展、产学研合作创新的推进，位于核心、强半边缘位置的集群数量显著增加，该类集群逐渐成为新的网络核心，多核互联的集群创新网络逐渐形成。

三、集群创新网络位置动态性分析

基于1985—2015年中国电子信息产业集群创新网络位置的变动情况，绘制网络位置演化路径（图6-3），分析发现，①集群创新网络位置升级是网络位置演化的主要路径。相比于1985—1999年，2000—2008年有18个集群网络位置发生了变化，其中13个集群实现了位置升级，5个集群则为位置降级；相比于2000—2008年，2009—2015年有19个集群网络位置发生了变化，其中15个集群实现了位置升级，4个集群则为位置降级。可见通过创新主体间的交互学习、创新合作中新成员的加入、技术创新模式的转变等途径，多数集群创新网络位置得以优化，实现了集群创新的路径创造。②网络位置演化路径以渐进式演化为主，跳跃式演化则发生在边缘位置与强半边缘位置之间。从第一阶段至第二阶段，渐进式位置升级、位置降级集群数量分别为7个、4个，跳跃式位置升级、位置降级集群数量分别为6个、1个；从第二阶段至第三阶段，渐进式位置升级、位置降级集群数量分别为9个、4个，跳跃式位置升级集群数量为6个。可见集群网络位置演化具有路径依赖性，与集群原有的网络位置存在一定的关联。③集群创新网络位置演化呈现路径锁定效应。从第一阶段至第二阶段，有14个集群的网络位置未发生变化，其中保持网络核心、强半边缘位置的集群数量分别为1个、5个，而有8个集群被锁定在网络边缘位置；从第二阶段至第三阶段，有13个集群的网络位置未发生变化，其中保持网络核心、强半边缘位置的集群数量分别为3个、7个，仍有2个集群被锁定在网络弱半边缘位置，1个集群被锁定在网络边缘位置。可见受集群自身创新能级较低、集群外部联系薄弱等层面的制约，少数处于网络边缘位置的集群未能实现升级，致使集群创新出现路径锁定。

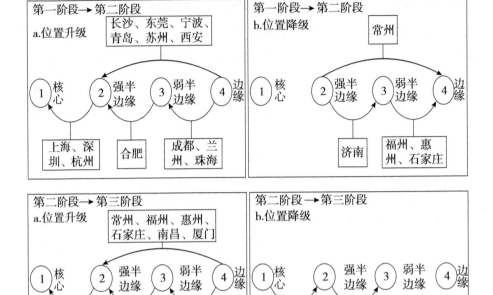

图6-3　1985—2015年中国电子信息产业集群创新网络位置演化路径

注：细线条代表渐进式位置升／降级，粗线条代表跳跃式位置升／降级。

第三节　集群创新网络结构演化路径

一、二次指派程序与社区发现

1. 二次指派程序

二次指派程序（Quadratic Assignment Procedure，QAP）被称为"测量关系之间关系的非参数估计方法"（刘军，2007），能够有效地解决基于普通最小二乘法（OLS）的传统计量分析在关系型数据处理上存在的多重共线性以及虚假相关等问题（种照辉、覃成林，2017）。QAP分析包括QAP相关性分析、QAP回归分析，其中，QAP相关性分析主要用于检验关系矩阵间是否显著相关，QAP回归分析主要用于考察多个关系矩阵与一个关系矩阵之间的回归关系。鉴于QAP分析的有效性和简易性，被广泛应用于探讨多维邻近性与网络结构之间关系的研究（Broekel & Boschma，2012；李丹丹等，2013；吕国庆等，2014）。

为探讨不同维度邻近性对集群创新网络结构的影响，集群创新网络不同演化阶段多维邻近性重要程度的动态变化，不同维度邻近性是否存在互补或替代关系等研究问题，本书沿用Boschma（2005）的研究框架来界定多维邻近性，借助Ucinet软件，运用QAP分析方法，考察地理邻近、认知邻近、社会邻近、组织邻近等因素与集群创新网络结构的关系。变量测度及QAP多元回归模型设置如下：

地理邻近是指创新主体在地理空间上的接近程度。参考Balland等（2013）研究，用创新主体间空间距离的相反数来度量。其中，创新主体间空间距离用集群间的直线距离来测度，为减少异方差，对距离进行取对数处理，计算公式为：

$$GP_{ijt} = 1 - \ln(d_{ij}+1) / \ln(\max(d_{ij})+1) \qquad (6-1)$$

式中，d_{ij}代表主体i和j所属集群间的直线距离；$\max(d_{ij})$代表集群间直线距离的最大值；GP_{ijt}代表t时期主体i和j的地理邻近，地理邻近取值范围为[0，1]，数值越大则越地理邻近。

认知邻近主要从专利结构的相似性层面来测量。采用Jaffe（1998）的测算方法，运用研究时段主体间全部申请专利的IPC相似性衡量，计算公式为：

$$CP_{ijt} = \frac{\sum_{f=1}^{n} x_{int} x_{jnt}}{\sqrt{\sum_{f=1}^{n} x_{int}^2} \sqrt{\sum_{f=1}^{n} x_{jnt}^2}} \qquad (6-2)$$

式中，f代表t时期创新主体技术领域数量，按照国际专利"部—大类—小类"的分类标准，将创新主体专利的技术领域进行分类，第1、2、3时期技术领域数分别为142个、356个、545个；x_{int}、x_{jnt}分别为t时期创新主体i、j第n类技术领域的专利申请数量（包括联合和独立）；CP_{ijt}代表t时期主体i和j的认知邻近，认知邻近取值范围为[0，1]，数值越大则越认知邻近。

社会邻近是指主体间基于信任的社会嵌入关系，常用两节点原有的合作次数、两节点间合作过的科学家人数、网络中两节点间最短距离的倒数等方法进行测度（Ahuja et al.，2009；李丹丹等，2013；吕国庆等，2014），本书选用研究时段创新网络中主体间最短距离的倒数进行衡量，计算公式为：

$$SP_{ijt} = \begin{cases} \dfrac{1}{d_{ijt}} & (x_{ijt} > 0) \\ 0 & (x_{ijt} = 0) \end{cases} \qquad (6\text{-}3)$$

式中，d_{ijt} 代表 t 时期主体 i 和 j 的最短路径长度；SP_{ijt} 代表 t 时期主体 i 和 j 的社会邻近，社会邻近取值范围为[0，1]，数值越大则越社会邻近。

组织邻近是指创新主体是否属于同一类型，将创新主体划分为企业、高校、研究所、其他（中介服务机构、金融机构、政府机构等）四种类型。测度公式为：

$$OP_{ijt} = \begin{cases} 1 & (a_i = a_j) \\ 0 & (a_i \neq a_j) \end{cases} \qquad (6\text{-}4)$$

式中，a_i、a_j 分别代表主体 i 和 j 的类型；OP_{ijt} 代表 t 时期主体 i 和 j 的组织邻近。

本书从多维邻近性的视角考察集群创新网络的形成与演化，考虑到邻近性之间可能存在一定的互补效应或替代效应，研究主要探讨地理邻近和认知邻近、社会邻近的交互作用，构建多元回归模型如下：

$$Cop = \alpha + \beta_1 GP + \beta_2 CP + \beta_3 SP + \beta_4 OP + \beta_5 GP \times CP + \beta_6 GP \times SP + \mu \qquad (6\text{-}5)$$

式中，Cop 为创新合作矩阵，GP、CP、SP、OP 分别代表创新主体间的地理、认知、社会、组织邻近性，$GP \times CP$ 代表地理邻近和认知邻近的交互项，$GP \times SP$ 代表地理邻近和社会邻近的交互项，α 为截距项，反映不随时间和个体变化的因素，β 为自变量回归系数，代表在其他自变量保持不变的情况下该自变量对因变量的影响，μ 为误差项，表示与自变量无关的其他因素的影响。

2. 社区发现

社区发现（Community Detection）也被称为社区挖掘，是利用拓扑关系和属性挖掘网络蕴含的社区。社区发现的基本准则是社区内部节点间联系紧密，而社区间节点联系则相对稀疏，与传统聚类理论具有相通之处（陈伟等，2017）。社区发现作为复杂网络研究领域的前沿命题，自Girvan和Newman（2002）首次提出社区发现概念以来，社区发现理论、方法和应用领域不断拓展，成为识别复杂网络结构和关系模式的重要分析工具。

目前主流的社区发现算法主要包括基于模块度（Q-Modularity）的Girvan-Newman、Fast-greedy和Multi-level等算法，以及随机游走（Walk Trap）算法、标签扩散（Label Propagation）算法和Infomap算法等（陈伟等，2017）。其中，Infomap算法是基于信息论提出的，该算法的核心思想是通过整个网络中的信息流来度量节点间的关系，社区内部节点间的信息流显著大于社区间节点的信息流。Infomap算法以最小化随机游走路径的编码长度作为目标函数，将社区结构划分问题转化为信息流路径编码压缩问题。根据香农定理，假设使用n个码字来表示随机变量X在游走过程中出现概率p_i的n种状态信息，则平均编码长度不低于随机变量X的熵。熵的计算公式为：

$$H(X) = -\sum_{i=1}^{n} p_i \log(p_i) \qquad (6-6)$$

式中，$H(X)$为随机变量X的熵。

为刻画随机游走过程，对所有节点进行霍夫曼编码，每个节点将由其所处的社区霍夫曼编码和社区内部具体节点的霍夫曼编码共同构成，利用霍夫曼编码来描述节点在网络中随机游走的访问量和访问频率，使得网络中的任意路径都可以通过编码组合来表达。根据信息熵理论，其映射方程如下：

$$L(M) = qH(Q) + \sum_{i=1}^{m} p_i H(p_i) \qquad (6-7)$$

式中，$L(M)$表示随机游走于社区内和社区间所沿路径的平均编码长度期望值；q表示随机游走离开一个社区进入另一社区的概率；$H(Q)$表示随机游走在各个社区间运动概率的熵；p_i表示随机游走存在于某一社区内部的概率；$H(p_i)$表示随机游走在社区p_i内部节点间运动概率的熵。

Infomap算法实现过程如下：首先，对社区进行初始化，将每个节点单独看作一个小社区；然后，节点随机移动，分别计算节点和社区合并情况下的

L（M），合并使得 L（M）减少最少的节点和社区，并重复执行该步骤，直到 L（M）的变化量最小。

为科学刻画网络社区结构特征，应综合考虑网络节点权重、网络连边权重及连接方向等重要的属性指标。然而，传统的社区发现算法多是在丢失网络权重、连接方向等属性信息情况下进行的网络分割，且算法性能参差不齐，致使研究结果往往与真实世界有所偏差。Infomap算法作为目前唯一能够充分顾及节点权重、连边权重和连接方向等拓扑属性的主流算法，同时又能够兼顾到高阶网络数据，对于真实世界网络社区划分具有显著的适应性和稳健的性能，被誉为目前较好的网络社区发现算法之一（Lancichinetti & Fortunato, 2009; Zhong et al., 2014）。本书以中国电子信息产业集群创新网络主体为节点，基于主体间的专利合作构建网络连边，将创新网络主体的加权度中心度作为节点权重，主体间创新合作强度作为连边权重，运用Infomap算法识别集群创新网络社区结构，分析社区结构的动态演变特征，并探讨其内在规律。

二、多维邻近性与集群创新网络结构

为验证何种维度的邻近性是不同生命周期阶段集群创新合作的重要影响因子，本书运用QAP分析方法，探讨多维邻近性与集群创新网络之间的关系。首先，借助Ucinet软件，选择5000次随机置换，分析多维邻近性及其交互作用与中国电子信息产业集群创新网络的相关性。QAP相关性分析结果（表6-3）显示，邻近性因素是集群创新网络形成的重要推动力，且其影响程度具有阶段性特征。1985—2015年，地理邻近、认知邻近、社会邻近以及地理邻近和认知邻近、地理邻近和社会邻近的交互项与集群创新网络均在1%水平下具有显著的正相关关系，而组织邻近和集群创新网络的相关关系则不稳定。从相关系数数值的大小来看，1985—1999年，集群创新网络和地理邻近的相关系数最高，其次为地理邻近和认知邻近的交互项；2000—2008年，集群创新网络和地理邻近、认知邻近以及两者交互项的相关系数较高；2009—2015年，集群创新网络和社会邻近、地理邻近和社会邻近交互项呈现高度相关。

表6-3 1985—2015年中国电子信息产业集群创新网络与多维邻近性相关性分析结果

时间	邻近性	实际相关系数	显著性水平	标准差
1985—1999年	地理	0.791	0.000	0.005
	认知	0.184	0.000	0.005
	社会	0.104	0.000	0.005
	组织	−0.004	0.210	0.005
	地理 × 认知	0.707	0.000	0.005
	地理 × 社会	0.301	0.000	0.005
2000—2008年	地理	0.022	0.000	0.001
	认知	0.029	0.000	0.001
	社会	0.019	0.000	0.001
	组织	0.002	0.022	0.001
	地理 × 认知	0.101	0.000	0.001
	地理 × 社会	0.045	0.000	0.001
2009—2015年	地理	0.008	0.000	0.001
	认知	0.014	0.000	0.001
	社会	0.035	0.000	0.001
	组织	0.001	0.218	0.001
	地理 × 认知	0.023	0.000	0.001
	地理 × 社会	0.058	0.000	0.001

运用QAP回归分析法，选择2000次随机置换，探讨多维邻近性以及多维邻近性的交互作用对创新主体间合作关系的影响，QAP回归分析结果如表6-4所示。回归结果中，1985—1999年，观察次数为79242次，模型1判定系数（R^2）为0.628、调整后判定系数（$Adj\ R^2$）为0.628、$p=0.000$，模型2的 R^2为0.637、$Adj\ R^2$为0.637、$p=0.000$；2000—2008年，观察次数为3669140次，模型1的R^2为0.007、$Adj\ R^2$为0.007、$p=0.000$，模型2的R^2为0.012、

Adj R^2 为0.012、*p*=0.000；2009—2015年，观察次数为8476832次，模型1的 R^2 为0.001、*Adj R^2* 为0.001、*p*=0.000，模型2的 R^2 为0.004、*Adj R^2* 为0.004、*p*=0.000，可见，加入邻近性交互项之后，QAP模型的拟合程度相对有所提高。

地理邻近是集群技术创新生命周期萌芽阶段形成创新合作最为关键的影响因子，伴随集群逐步发展至成长、成熟阶段，地理邻近的作用有所下降，认知邻近和社会邻近的作用凸显，且不同维度邻近性之间具有互补性。1985—1999年，模型1和模型2中地理邻近、认知邻近回归系数在1%水平下显著为正，社会邻近回归系数在10%水平下显著为正，组织邻近对集群创新网络的影响则不显著，从不同维度邻近性回归系数的数值来看，地理邻近对集群创新网络的影响程度最高。2000—2008年，模型1和模型2中地理邻近、认知邻近、社会邻近回归系数在1%水平下显著为正，组织邻近回归系数在10%水平下显著为正，其中，认知邻近对主体间合作关系的形成具有最重要的影响，地理邻近是创新网络形成的第二驱动力。2009—2015年，模型1中多维邻近性的回归系数均在1%水平下显著为正，模型2中认知邻近、社会邻近、地理邻近回归系数分别在1%、5%、10%水平下显著为正，组织邻近回归系数并不显著，其中，地理邻近的影响程度下降，社会邻近则成为创新合作最为核心的驱动力。此外，在三个研究时段，地理邻近和认知邻近、社会邻近交互项的回归系数均在1%水平下显著为正，认知邻近和社会邻近的边际效应随着地理邻近的增加而递增，地理邻近和认知邻近、地理邻近和社会邻近对创新网络形成的影响表现为显著的互补效应，意味着地理邻近机制能够强化创新主体间技术知识基础相似性、网络嵌入性对创新合作的影响。

总体上，经验研究分析结果证实了在中国电子信息产业集群创新的生命周期过程中，地理邻近、认知邻近、社会邻近对集群创新网络形成的积极影响以及重要程度的动态变化（H2a–H2c）等研究假设，也支持了地理邻近和认知邻近、地理邻近和社会邻近对集群创新网络形成具有交互作用（H3a–H3b）的研究假设，由此带来集群创新合作伙伴选择、创新网络空间组织的演变。

表6-4 1985—2015年中国电子信息产业集群创新网络与多维邻近性回归分析结果

时间	变量	模型1			模型2		
		非标准化回归系数	标准化回归系数	显著性水平	非标准化回归系数	标准化回归系数	显著性水平
1985—1999年	常数项	−0.0018	0.0000	—	0.0002	0.0000	—
	地理	0.8468	0.7849	0.000	0.7286	0.6753	0.000
	认知	0.0215	0.0491	0.000	0.0124	0.0433	0.000
	社会	0.0044	0.0153	0.005	0.0017	0.0039	0.096
	组织	−0.0010	−0.0051	0.880	−0.0011	−0.0058	0.939
	地理×认知	—	—	—	0.1589	0.1177	0.000
	地理×社会	—	—	—	0.0685	0.0759	0.000
2000—2008年	常数项	−0.0198	0.0000	—	−0.0032	0.0000	—
	地理	0.3961	0.1712	0.000	0.0709	0.0274	0.000
	认知	0.4891	0.2093	0.000	0.0759	0.0321	0.002
	社会	0.3153	0.0766	0.000	0.0702	0.0170	0.000
	组织	0.0014	0.0016	0.065	0.0018	0.0019	0.093
	地理×认知	—	—	—	0.7423	0.0982	0.000
	地理×社会	—	—	—	0.1507	0.0301	0.000
2009—2015年	常数项	−0.1168	0.0000	—	0.0102	0.0000	—
	地理	0.1095	0.0076	0.000	0.0073	0.0004	0.092
	认知	0.1367	0.0083	0.000	0.3646	0.0253	0.000
	社会	0.9870	0.0336	0.000	1.0353	0.9012	0.020
	组织	0.0357	0.0042	0.000	0.0353	0.0012	0.813
	地理×认知	—	—	—	0.6019	0.0161	0.000
	地理×社会	—	—	—	1.8559	1.0638	0.000

三、集群创新网络社区结构演化

鉴于不同时期集群创新网络形成机制具有差异性，为进一步探寻不同生命周期阶段，集群创新网络空间组织的规律性和动态性，本书运用社区发现方法（Infomap算法）来识别中国电子信息产业集群创新网络社区结构。根据研究结果可知，集群创新网络演化路径呈现由地理邻近主导的本地化社区结构向超越集群的层级式社区结构转变。①从社区规模来看，1985—1999年集群创新合作形成了34个社区，社区规模较小且社区间差异不大，规模最大的社区包含16个创新主体。2000—2008年形成了55个社区，社区规模有所增大，但社区等级差异尚不显著，规模最大的社区包含25个创新主体。2009—2015年形成了190个社区，社区规模具有明显的等级差异，规模最大的社区包含115个创新主体。②从社区空间范围来看，1985—1999年社区主要位于集群地理边界内，具有显著的地方化特征。2000—2008年社区与集群地理边界较为一致，少数规模较大的社区具有跨集群特征，呈现本地社区和跨集群社区并存的格局。2009—2015年出现了大量重叠社区，核心社区空间范围日益超越集群地理边界。③从社区形成机制来看，1985—1999年中国电子信息产业集群创新处于技术引进阶段，创新主要源自"干中学"，隐性知识共享主要依托面对面交流，该时期地理距离显著制约了技能、技巧和诀窍等复杂知识的高效传递与精准理解，地理邻近是以本地合作为主导的集群创新网络形成的重要基础。2000—2008年地理距离不再是集群创新网络社区形成的唯一主导因子，企业通过收购整合以及建立分支机构等途径，逐渐与集群外部创新主体建立起合作关系，地理邻近的重要程度有所下降。2009—2015年多集群多空间尺度耦合的创新网络社区凸显。首先，伴随中国电子信息产业集群技术生命周期从萌芽到成长再到逐渐成熟的演化，技术知识编码化程度得以提高，知识流动和知识溢出不再局限于集群内部；其次，创新主体通过参与贸易博览会、研讨会和商务出差等经济活动，增加了远距离创新主体间交流与合作的机会，临时性地理邻近促进了隐性知识流动；最后，集群创新为避免路径锁定、实现路径创造，跨界整合其他集群的创新资源成为创新合作的重要选择。

第四节　本章小结

本章研究的重点在于回答中国电子信息产业集群网络位置、集群网络结构的演化路径问题。通过构建"核心—边缘"块模型，分析集群创新网络位置演化轨迹；运用二次指派程序分析法和Infomap社区发现算法，探讨集群创新网络不同演化阶段多维邻近性重要程度的动态变化及其驱动下的集群创新网络空间组织规律的动态性，得出如下主要研究结论。

第一，中国电子信息产业集群创新网络位置"核心—边缘"格局优化，路径创造和积极的路径依赖促使集群实现网络位置升级。块模型分析结果显示，伴随中国电子信息产业集群创新从重视本地知识网络发展到重视跨集群联系，位于核心、强半边缘位置的集群数量显著增加，多核互联的集群间网络日渐形成。位置升级是集群网络位置演化的主要路径，通过创新主体间的交互学习、创新合作中新成员的加入、技术创新模式的转变等途径，多数集群基于路径创造机制实现了网络位置升级。集群网络位置演化具有路径依赖性，与集群原有的网络位置存在一定的关联，演化路径以渐进式演化为主，跳跃式演化则发生在边缘位置与强半边缘位置之间。受集群自身创新能级较低、集群外部联系薄弱等层面的制约，网络位置演化过程中出现边缘位置锁定甚至位置降级等演化路径。

第二，中国电子信息产业集群创新呈现由地理邻近主导的本地化社区结构向注重社会邻近和认知邻近超越集群的层级式社区结构转变。集群创新网络结构的多维邻近性机制分析结果显示，地理邻近是集群萌芽阶段创新合作的核心驱动力，此后，地理邻近依旧影响集群创新合作，但重要程度下降，认知邻近和社会邻近的作用凸显，由此带来集群创新合作伙伴选择、创新网络空间组织的演变。社区发现分析结果显示，集群网络社区从主要位于集群地理边界内，具有显著的地方化特征发展为在沿袭集群地理边界的基础上，具有跨集群空间特征。最终转变为社区空间范围日益超越集群地理边界，呈现社区等级差异明显的"核心—边缘"层级式结构。

第七章
中国电子信息产业集群创新网络的演化机制

邻近性被认为是创新网络演化的重要驱动力，由于创新网络发展阶段的差异，现有研究对不同维度邻近性重要程度的认知存在争议。本章在科学评判创新网络演化模型适用性的基础上，构建能够综合考察邻近性机制、网络结构内生性和个体异质性的随机面向对象（SAO）模型，定量分析中国电子信息产业集群创新网络演化影响因素，验证第三章第三节提出的集群创新网络演化邻近性机理的研究假设，进而结合深度访谈资料，深化对集群创新网络演化驱动机制的认知。

第一节　集群创新网络演化动因

纵观中国电子信息产业集群创新网络从培育（1985—1999年）到发展（2000—2008年）再到优化（2009—2015年）的演化历程，集群发明专利数量、创新主体数量、合作关系数量等指标都发生了明显的阶段性变化。其中，2009—2015年是集群合作创新活动最为活跃的阶段，其合作发明专利数量、合作关系数量、加权合作关系数量分别占1985—2015年数值的85.11%、88.25%、89.26%。此外，从1985—2015年中国电子信息产业集群创新网络主体和合作关系的动态变化来看，无论是创新主体的新进与退出，还是合作关系的新建与消失，2009—2015年集群创新网络结构均呈现明显的演化趋势（图7-1）。因此，本书研究重点探讨2009—2015年中国电子信息产业集群创新网络演化的影响因素。

考虑到如若网络稳定性过低，将会导致模拟网络动态演化的近似算法不能收敛，从而产生不稳定、不可信的分析结果。为降低部分创新主体短时间进入或退出对创新网络演化造成的影响，借鉴Balland等（2013）处理方法，设置研究对象选取的阈值条件为在2009—2015年研究时段内形成两次以上创新合作关系且有3年以上年份具有合作创新行为，最终筛选出702个创新主体作为经验研究分析对象，进而基于创新主体在2009—2015年联合申请发明专利数据，构建7个702×702的二值矩阵，建立纵向网络数据库。据此，综合

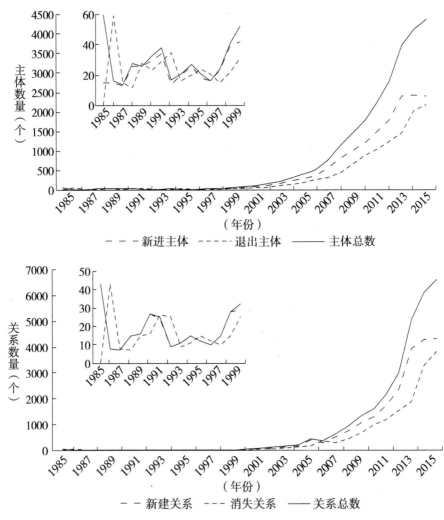

图7-1 1985—2015年中国电子信息产业集群创新网络主体和关系演化状况

考量邻近性机制、网络结构内生因素、创新主体异质性等因素对中国电子信息产业集群创新网络演化的影响。

一、创新网络演化模型选择

为揭示创新网络演化趋势、探讨创新网络演化动因，早期经济地理学者多基于产业集群生命周期视角，结合典型案例剖析不同演化阶段的网络结构特征及形成机制（Saxenian，1994；滕堂伟，2009）。伴随社会网络分析方法引入经济地理学研究，学者们开始注重对组织间互动关系进行量化，尝试运用网络演化模型进行了相关经验研究。例如，Hoekman等（2010）将空间权重矩阵纳入引力模型（Gravity Model，GM），分析了距离和边界对创新网络演化的影响；Broekel和Boschma（2012）、Broekel和Hartog（2013）先后运用二次指派程序（Quadratic Assignment Procedure，QAP）和指数随机图（Exponential Random Graph，ERG）模型对荷兰航空工业知识网络演化进行了分析，QAP结果显示，认知、社会、组织、地理邻近是知识网络演化的重要影响因素，ERG模型结果则表明，若考虑节点属性和网络结构内生性，仅地理邻近和制度邻近对创新网络演化有显著影响。事实上，创新网络演化受主体间邻近性、网络结构内生性、个体特性等机制的综合影响（Powell et al.，2005；Balland et al.，2013；Glückler & Doreian，2016），而上述网络演化模型均无法在综合考虑网络演化机制的前提下探讨网络演化动因问题（Rivera et al.，2010），尚存在应用局限。由此，Balland等（2016）引入能够同时考虑邻近性、网络内生性、创新主体异质性的网络动态模型，即随机面向对象（Stochastic Actor–Oriented，SAO）模型，分析了技术网络和商业网络演化的影响因素，结果表明网络地位驱动商业网络的形成，邻近性对技术知识网络更为重要，根植性在商业网络和技术网络中均起到重要作用。

综合来看，学者们围绕创新网络演化动因这一研究问题，提出了相关模型和修正方法。然而，由于网络数据具有条件相关、过量零值、过度离散等特征，违背了传统标准回归模型（如OLS、Logistic等）对变量相互独立的基本假设，创新网络演化动因包含多个层面（节点层面、节点间关系层面、整体网络层面），创新网络演化需要考虑时间维度等，致使已有模型的适用范围参差不齐。例如，扩展和改进引力模型能够进行网络数据的估计，但无法检验网络中矩阵类型变量（$n \times n$）之间的因果关系；QAP模型操作简易，是目前网络关系分析中运用较多的模型，但其仅能分析单一层次、截面数据；ERGM模型能够处理多层次的数据，但仅能进行截面数据分析；SAOM模型结合了随机效应模型、马尔可夫过程、仿真模拟，能够同时模拟邻近性和网络结构路径依赖性，并控制创新主体的异质性，可以更好地解释纵向网络数据的动态演化（表7-1）。

SAO模型已被公认为当前研究网络动态演化的较优实证工具之一（Snijders et al.，2010），但该模型在国内经济地理学领域中尚未得到有效运用，创新网络演化动因的定量研究有待开展。鉴于此，本书选取SAO模型来探讨集群创新网络演化影响因素。

表7-1 创新网络演化模型的比较

模型	二次指派程序（QAP）	指数随机图（ERG）	随机面向对象（SAO）
功能	分析一个矩阵与多个矩阵的回归关系	分析在一个特定的时间截面上，网络形成的影响因素	分析在一个特定的时间段内，网络演化的驱动因素
原理	将多元回归分析与矩阵置换相结合，对比得到回归系数及其显著性	比较随机网络与真实网络，不断优化估计参数，直至参数达到稳态	将随机效应模型、马尔可夫过程、仿真模拟相结合，模拟基于观察对象的网络演化过程
估计方法	标准OLS或Logistic形式的双半偏估计法（DSP）	马尔可夫链蒙特卡罗极大似然估计法（MCMC MLE）	马尔可夫链蒙特卡罗矩阵估计法（MCMC MM）
检验	R^2	赤池信息量准则（AIC）和贝叶斯信息量准则（BIC）	最大收敛比率检验、T检验和Score检验
适用数据	单一层次、截面数据（静态）	多层次、截面数据（静态）	多层次、历时数据（动态）
应用现状	网络关系分析的经典模型，被国内外学者广泛应用于经济、贸易、物流、客流、创新等网络结构研究	模型的实证应用日益增多，目前主要应用于国际贸易网络研究	网络动态演化的较优实证工具之一，但在国内经济地理学领域尚未得到有效应用

资料来源：根据Balland等（2016）；陈弘挺等（2017）整理。

SAO模型是以行为主体为导向的网络演化模型，创新主体依据邻近性、网络结构、个体特征做出理性选择，从而维持、解散或新建主体间的关系。创新合作关系的变化是由速率函数决定的，SAO模型运用Logistic回归模型来模拟选择的概率（Snijders et al.，2010）。速率函数表达式为：

$$P_i(x_0, x, v, w) = \frac{\exp\left(f_i(x_0, x, v, w)\right)}{\sum_{x' \in C(x_0)} \exp\left(f_i(x_0, x', v, w)\right)} \tag{7-1}$$

式中，x_0代表网络初始状态，x代表网络潜在新状态，v代表个体属性，w代表邻近性。

SAO模型定义了效用函数作为行为主体的目标函数，创新主体选择合作伙伴时总是期望目标函数最大化，依据创新主体的效用函数来模拟创新合作关系的演变。目标函数受邻近性、网络结构、个体属性的综合影响，其表达式为：

$$f_i(x_0, x, v, w) = \sum_k \beta_k s_{ki}(x_0, x, v, w) \tag{7-2}$$

式中，β_k为估计参数，s_{ki}为网络演化的影响因素。

本书运用R语言的RSiena程序包进行集群创新网络演化模型的参数估计。依据速率函数的差异，SIENA模块包含6类模型：关系基础模型（tie-based model）、成对关联模型（pairwise conjunctive model）、成对分离模型（pairwise disjunctive model）、成对补偿模型（pairwise compensatory model）和强迫模型（forcing model）、单方主动互惠确认模型（initiative-confirmation model）。研究选用单方主动互惠确认模型来模拟集群创新合作关系的构建，该模型被认为是分析合作网络时最接近现实的模型（Bunt & Groenewegen，2007；李琳、张宇，2015）。

二、变量选取及测度

借鉴演化经济地理学者的研究成果（顾伟男等，2019），确定影响创新网络演化的关键要素，即邻近机制、网络结构内生性、个体特征。对于邻近机制主要考察地理邻近、认知邻近、社会邻近、组织邻近以及地理邻近和认知邻近、社会邻近交互效应；对于网络结构内生效应主要考察根植性和网络地位，并用三元闭包来刻画主体的网络结构根植性，用度中心度来刻画主体的网络地位；对于个体特征主要考察主体创新能级和合作创新经验的异质性（表7-2）。

地理、认知、社会、组织等邻近性以及地理邻近性和认知邻近性、社会邻近性交互项的测度已在第六章中进行了介绍。

三元闭包用来衡量主体的网络根植性，体现一个主体和两个已经是合作伙伴的主体形成联系的能力。借鉴Balland等（2016）测算方法，公式为：

$$T_i = \sum_{j,h} x_{ij}\, x_{ih}\, x_{jh} \tag{7-3}$$

式中，j和h是除了i之外且具有连接关系的主体，即x_{jh}的值为1，x_{ij}、x_{ih}是1或0的数值，代表节点i是否与节点j、h具有连接关系。

度中心度用来衡量主体的网络地位，是指与一个主体直接相连的其他主体的数量。度中心度越大则主体的网络地位越高，网络重要性和影响力越大，其维护网络关系的成本也越高，计算公式为：

$$C_i = \sum_{j=1}^{N} x_{ij} \tag{7-4}$$

式中，x_{ij}是1或0的数值，代表节点j是否与节点i具有连接关系，N代表网络中的节点数量。

个体特征是指控制主体创新能力、合作创新经验的异质性。借鉴已有研究（Balland et al., 2013；周灿等，2017），选用创新主体独立与联合申请发明专利总数来衡量主体的创新能力，创新主体在电子信息产业集群创新网络中出现的年数来衡量主体的合作创新活跃程度，为减少异方差，对专利数进行取对数处理。

表7-2　2009—2015年中国电子信息产业集群创新网络演化SAO模型的变量定义

变量	指标	解释	数据类型
被解释变量	纵向创新网络	创新主体合作关系的变化情况	矩阵（$n \times n$）

续表

变量		指标	解释	数据类型
解释变量	邻近性	地理	创新主体在地理空间上的接近程度	矩阵（$n \times n$）
		认知	创新主体间按IPC分类测算的专利结构相似程度	矩阵（$n \times n$）
		社会	创新主体间网络最短距离的倒数	矩阵（$n \times n$）
		组织	创新主体是否属于同一组织类型	矩阵（$n \times n$）
		地理 × 认知	地理邻近和认知邻近交互项	矩阵（$n \times n$）
		地理 × 社会	地理邻近和社会邻近交互项	矩阵（$n \times n$）
	网络内生性	根植性	创新主体合作关系的三元闭包程度	向量（$n \times 1$）
		网络地位	创新主体拥有的合作伙伴数量	向量（$n \times 1$）
	个体异质性	创新能级	创新主体拥有的专利数量	向量（$n \times 1$）
		合作经验	创新主体在网络中出现的年份	向量（$n \times 1$）

三、SAO 模型回归结果

1. 创新网络演化描述性统计

基于所构建的纵向创新网络数据库，借助Ucinet和Stocnet软件对2009—2015年中国电子信息产业集群创新网络演化进行描述性统计分析（表7-3），结果显示，①集群创新网络演化处于活跃期。自2009年《电子信息产业调整和振兴规划》出台以来，中国电子信息产业立足于提高自主创新能力、增强在国际市场的竞争力和话语权，促使作为知识溢出和技术扩散重要载体的创新网络得以优化。六个研究时段内均有新的主体加入创新网络、形成新的创新关系，其中，前四个研究时段新进主体和新建关系数量要大于退出主体和消失关系，创新网络规模不断扩大，2011—2012年是创新网络迅速扩张的时段，此后伴随中国电子信息产业内生和外生创新引领型（Ⅰ、Ⅱ类）集群相继进入生命周期的成熟阶段，创新网络规模增长趋缓。②集群企业重视外部知识获取与创新协作，创新网络渐趋优化。2009—2015年，创新主体、合作关系等网络结构指标的数值呈现先增后减的趋势，平均度则明显增加，网络密度总体呈现增大态势，说明伴随中国政府对信息安全的重视程度提高，在亟须强化创新驱动发展的时代背景下，创新绝非企业的单打独斗行为，协调各方创新资源协同攻关核心技术成为中国电子信息产业集群重要的创新路径。

③集群创新网络具有小世界网络特征。中国电子信息产业集群创新网络平均路径长度呈现倒"U"形变化，2009年网络节点间平均需要4个以上中介才可实现连接，2010年平均路径长度数值达到最高，此后则整体呈现递减趋势，网络连通性增强、可达性提高；群集系数在2009—2012年呈现逐年递增趋势，由2009年的0.388提升至2012年的0.615，随后虽有所波动，但网络集聚程度相对较高，总体上，中国电子信息产业集群创新网络向小世界网络演化。依据小世界网络理论（Watts et al., 1998），度中心度高的创新主体（如国家电网、华为、海尔、方正、中兴、清华大学、北京邮电大学、浙江大学、中国科学技术大学等）是网络中的关键节点，影响着创新主体间的创新联系数量和创新网络的稳定性；中介中心度高的网络中介主体（如国家电网、华为、清华大学、北京邮电大学、上海交通大学、浙江大学、华中科技大学、电子科技大学、中国电科院等）有助于缩短主体间知识流动所经历的平均路径长度，提高主体间知识溢出效率；网络结构密集的子网络（如以国家电网、鸿海科技集团等为核心的子网）能够培育主体间的信任，促进知识共享和交流。

表7-3 2009—2015年中国电子信息产业集群创新网络演化描述性统计

年份	创新主体（个）	合作关系（次）	平均度	网络密度	平均路径长度	群集系数	年份	新进主体	退出主体	保留主体	新建关系	消失关系	维持关系
2009	295	263	1.783	0.0061	4.675	0.388							
2010	394	365	1.853	0.0047	4.808	0.395	2009—2010	149	50	245	211	109	154
2011	501	535	2.136	0.0043	4.309	0.512	2010—2011	165	58	336	302	132	233

续表

年份	创新主体（个）	合作关系（次）	平均度	网络密度	平均路径长度	群集系数	年份	新进主体	退出主体	保留主体	新建关系	消失关系	维持关系
2012	609	747	2.453	0.0040	3.964	0.615	2011—2012	171	63	438	411	199	336
2013	618	962	3.113	0.0050	3.429	0.605	2012—2013	68	59	550	423	208	539
2014	562	889	3.164	0.0056	3.462	0.496	2013—2014	40	96	522	323	396	566
2015	512	859	3.355	0.0066	3.704	0.502	2014—2015	58	108	454	329	359	530

2. 创新网络演化影响因素

借助 R 语言编程实现集群创新网络演化 SAO 模型的参数估计，模型 1、模型 2 分别基于马尔可夫链蒙特卡罗（MCMC）的 2464 次、2517 次迭代，得到 SAO 模型中速率函数和目标函数的参数估计结果（表 7-4），可以看出，所有变量 t 值均在 $p<0.01$ 水平下显著，且变量 t 比率（t-ratios）接近于 0，模型 1、模型 2 的整体最大收敛比（tconv.max）分别为 0.094、0.156，满足 tconv. max ≤ 0.25 的收敛准则，意味着模型 1、模型 2 均具有较好的收敛度。

速率参数（λ_{t-t+1}）在前五个研究时段逐年上升，模型 1 中由 2009—2010 年的 1.2224 增至 2013—2014 年的 8.1062，模型 2 中由 1.2262 增至 7.9978，意味着后一个时段比前一个时段有着更多的机会来改变关系，最后一个研究时段则小幅下降，模型 1、模型 2 中演化速率分别为 6.498、6.4071，总体上，中国电子产业集群创新网络处于调整期，创新网络结构尚未稳定。中国作为全球最大的电子信息产品制造基地，为应对 2008 年国际金融危机影响，于 2009 年出台《电子信息产业调整和振兴规划》，政策规定国家新增投资向电子信息产业倾斜，支持自主创新和技术改造项目建设，此举在一定程度上激励了中国电子信息产业调整优化创新网络，以开放式、网络化创新应对全球竞争。

地理邻近系数显著为正，表明地理邻近对促进中国电子信息产业集群创新网络演化具有积极影响，创新主体依旧倾向于同地理邻近的主体成为合作伙伴，这与 Ter Wal（2014）对德国生物技术发明网络演化研究的结论相左，与 Balland 等（2013）对全球电子游戏产业网络演化研究的结论一致，研究假设 H2a 得到证实。可见，由于产业的知识基础不同，导致创新网络结构与演化机制存在显著差异，生物技术产业知识基础以编码化、可远距离传播的显性知识为主，知识以高度选择性的方式在全球认知社区中的科研机构和科学家之间流动，创新网络形成与演化较少受地理距离限制；而电子信息产业知识基础以缄默化、需要面对面交流的隐性知识为主，知识来源于国家或区域尺度网络中供应商和客户之间的交流以及实践社区，地理距离是企业构建创新网络的重要影响因子（Martin，2013），地理邻近能够桥接技术距离（Li et al.，2021）。实际上，中国电子信息产业空间分布以政府主导的园区为主，经济技术开发区和高科技园区成为创新主体融入创新网络的重要平台，地理邻近易于主体间进行频繁的面对面交流，在合作创新过程中发挥了促进隐性知识交流和溢出的重要作用。

认知邻近系数显著为正，意味着中国电子信息产业集群创新主体倾向于同具有相似知识基础的主体开展创新合作，支持研究假设 H2b。一方面，创新主体间相似的知识背景、技术结构，能够促进其开展高效的技术沟通、学习和吸收，因而，认知邻近有助于主体间合作创新的形成与演化；另一方面，由于电子信息产业技术更新快、产品生命周期短的产业特性，使得创新对产业发展至关重要，然而，相比于全球电子信息产业强国，中国电子信息产业起步较晚、核心技术欠缺，企业倾向于同具有较高认知邻近的主体合作，以整合多方力量、集成多方技术的途径获取合作创新的益处。

社会邻近系数显著为正，说明中国电子信息产业集群创新网络主体间的社会嵌入关系，即已有合作发明专利经历、较短的网络距离等有助于培育彼此间信任，成为促进合作创新的重要因素，暗含着"关系空间"能在一定程度上补充或替代实体的"地理空间"的作用，推动主体间开展合作创新，证实研究假设 H2c。

组织邻近回归系数在模型 1 中显著为正，在模型 2 中显著为负，但模型 1

和模型2中组织邻近参数估计值均很小，意味着组织邻近对集群创新网络演化的影响较弱，研究假设H2d未得到证实。一方面，大型电子信息企业集团内部倾向于通过优势互补、协同合作提升技术水平以突破自身创新能力的局限，形成了密集的创新合作子网络；另一方面，开放式创新背景下，创新合作对象也更趋多样化，多方主体协同的产学研合作创新模式更为凸显。

地理邻近和认知邻近、社会邻近交互项的回归系数均显著为负，认知邻近和社会邻近的边际效应随着地理邻近的增加而递减，地理邻近和认知邻近、地理邻近和社会邻近对集群创新网络演化的影响表现为替代效应，意味着认知邻近、地理邻近能够在一定程度上弥补地理邻近的缺失，促使创新合作跨越更远的地理距离，这与Singh（2005）的研究结论一致，支持研究假设H3a、H3b。

对比多维邻近性参数估计值发现，2009—2015年中国电子信息产业集群创新网络形成与演化主要受社会邻近、认知邻近影响，其次为地理邻近，组织邻近的影响效应最小。可见，对于生命周期成长、成熟阶段的集群而言，地理距离虽对集群创新网络演化具有积极影响，但已不再是影响知识流动、创新合作的最核心要素，其他维度的邻近性在一定程度上修正和替代了地理邻近性的影响。

三元闭包系数显著为正，表明网络根植性对目前中国电子信息产业集群创新合作具有促进作用，尚未造成技术锁定，三元关系有助于形成稳定可靠的合作，减少不确定性和信息不对称，因而，中国电子信息产业创新主体选择合作伙伴时会依托于现有合作关系，呈现出闭合倾向。

度中心度系数显著为负，由于主体构建创新网络来提高网络地位的过程中存在搜寻、沟通、谈判、履约等多方面的成本，中国电子信息产业集群创新主体的网络地位越高，其维护合作关系的成本也越高，不利于其选择新的合作伙伴，成本机制也意味着创新网络不能被完全联结，这与Balland等（2013）以及李琳和张宇（2015）等国内外学者基于度中心度衡量的网络密度效应对创新网络演化具有消极影响的观点一致。

表7-4 2009—2015年中国电子信息产业集群创新网络演化SAO模型参数估计结果

函数	变量参数估计		模型1				模型2			
			标准差	t值	t比率	参数估计	标准差	t值	t比率	参数估计
速率函数	速率λ（2009—2010年）		1.2224***	0.1001	12.2118	0.0146	1.2262***	0.1112	11.0270	0.0066
	速率λ（2010—2011年）		2.5021***	0.2520	9.9290	-0.0243	2.5123***	0.2563	9.8022	0.0384
	速率λ（2011—2012年）		6.5865***	1.1902	5.5339	0.0117	6.3763***	1.4776	4.3153	-0.0111
	速率λ（2012—2013年）		6.3763***	0.6919	9.2156	0.0310	6.2620***	0.6294	9.9492	0.0263
	速率λ（2013—2014年）		8.1062***	1.3415	6.0426	0.0140	7.9978***	0.6834	11.7030	0.0412
	速率λ（2014—2015年）		6.4980***	0.8564	7.5876	0.0386	6.4071***	0.6485	9.8799	-0.0130
目标函数	邻近性	地理	0.5798***	0.0462	12.5498	0.0028	1.4630***	0.1464	9.9932	-0.0541
		认知	1.1905***	0.0766	15.5418	-0.0125	1.3485***	0.1169	11.5355	0.0351
		社会	6.7755***	0.0839	80.7569	0.0065	7.1281***	0.1182	60.3054	0.0294
		组织	0.0001***	0.0448	0.0022	-0.0071	-0.0045***	0.0432	-0.1042	0.0075
		地理×认知					-0.2869***	0.1639	-1.7505	-0.0262
		地理×社会					-0.8964***	0.1574	-5.6950	-0.0208
	网络内生性	三元闭包	0.3660***	0.0200	18.3000	0.0417	0.3645***	0.0188	19.3883	-0.0159
		度中心度	-6.8748***	0.0744	-92.4032	0.0091	-6.9747***	0.0890	-78.3674	0.0475
	个体异质性	创新能级	0.1753***	0.0268	6.5410	0.0409	0.1531***	0.0216	7.0880	0.0030
		合作经验	0.1797***	0.0322	5.5807	0.0217	0.1833***	0.0333	5.5045	0.0311
	迭代次数（次）		2464				2517			
	整体最大收敛比		0.094				0.156			

注：***、**、* 分别表示0.01、0.05、0.1显著性水平下通过检验。

创新主体个体特征层面，表征主体创新能级的专利数系数显著为正，意味着中国电子信息产业集群创新网络具有择优连接性，创新能级高的主体比创新能级低的主体更有可能吸引更多的合作伙伴；表征主体合作创新经验和活跃度的合作创新年数系数显著为正，说明有长期合作经验的创新主体更可能和其他主体合作发明专利。

第二节　集群创新网络演化机制

案例研究基于丰富的定性数据，对某一特定现象进行深入剖析，是理解现象背后内在机制的有效方法，可分为单案例研究和多案例研究。其中，单案例研究适宜于提炼、解释复杂现象的理论或规律，多案例研究适宜于验证理论的可推广性。本书基于多案例研究来探讨中国电子信息产业集群创新网络演化机制，案例的数据采集以半结构化访谈为主。

一、半结构化访谈设计

半结构化访谈不仅能使访谈者获得真实鲜活的一手资料，还能通过互动启发双方思想。Eisenhardt（1989）认为基于半结构化访谈的案例研究方法适合于过程和机制类问题的探讨。本书在中国电子信息产业集群创新网络演化SAO模型分析基础之上，结合半结构化访谈资料，构建集群创新网络演化机制分析框架，剖析邻近性、网络内生性、主体异质性对集群创新网络演化的驱动作用。

围绕"中国电子信息产业集群创新网络演化机制"这一研究主题，设计半结构化访谈提纲。其中，企业、高校研究机构主要涉及创新合作伙伴空间尺度和区域偏好、影响创新合作伙伴选择的因素、新产品的研发历程等问题；创新服务组织主要涉及行业创新合作概况、创新组织的主要职能和服务举措、创新主体的诉求等问题。

在兼顾访谈对象典型性、数据可获得性、研究便利性等因素的基础上，确定半结构化访谈对象（表7-5）。①笔者于2015年7月至11月，在上海张江高科技园区驻地实习，其间同上海张江高科技园区管理委员会、上海集成电路行业协会、上海浦东新区软件行业协会等组织机构定期交流讨论；同时，开展了对上海微电子装备、展讯通信等电子信息产业龙头企业以及上海射频识别（RFID）、上海下一代广播电视网等产业技术创新联盟依托单位的座谈会议，掌握了电子信息产业创新与创新合作等相关信息。②笔者参加了2016年、2017年在上海新国际博览中心举办的全球规模最大的SEMICON China、IC China等电子信息产业展览会，通过对企业技术部、市场部等部门核心负责人进行深度访谈，获取了翔实的有关企业创新合作空间尺度选择等研究问题的一手资料。③依托笔者主持的国家自然科学基金青年项目"全球—地方视角下集群创新网络演化机制与效应研究——以长三角电子信息产业为例"以及导师主持的国家自然科学基金重点项目"长三角战略性新兴产业创新网络地域空间结构研究"、上海市软科学研究重点项目"基于长江经济带发展战略的长三角科技创新合作研究"、上海市浦东新区政府重点研究项目"上海浦东、北京海淀、深圳创新创业生态环境比较研究"等研究课题，开展了对北京、深圳、杭州等国内其他集群电子信息企业的访谈。

在访谈开始前，研究者首先介绍研究目的，并保证研究结果仅用于学术研究，未经许可不会外泄相关资料，以打消访谈对象的顾虑。访谈时间从0.5小时到2.5小时不等。访谈结束后，研究团队在24小时内完成访谈录音转录，共形成3万余字的访谈记录。

表7-5 半结构化访谈对象信息

序号	访谈机构	访谈对象	访谈时间	访谈时长	访谈地点	机构区位
F_1	国内IC设计龙头企业	公共关系总监、海外市场拓展经理	2015.12.22	90min	企业办公楼2号楼202	上海

续表

序号	访谈机构	访谈对象	访谈时间	访谈时长	访谈地点	机构区位
F_2	国内IC设备龙头企业	战略规划总监、市场开发部副经理	2016.2.22	150min	企业会议室	上海
F_3	半导体封装测试龙头企业	设计工程师、客户经理	2016.3.15	30min	上海新国际博览中心	无锡
F_4	首批重点集成电路生产企业	业务发展部副总	2016.3.15	60min	上海新国际博览中心	武汉
F_5	国内IC设备龙头企业	区域销售经理	2016.3.16	30min	上海新国际博览中心	北京
F_6	全球IC封装测试龙头企业	中华区业务部资深经理	2016.3.16	45min	上海新国际博览中心	中国台湾高雄
F_7	国内智能穿戴设备领域领头企业	国内业务二部副总经理	2017.3.16	30min	上海新国际博览中心	深圳
F_8	IC设备企业	董事长	2016.3.16	45min	上海新国际博览中心	苏州
F_9	化学机械抛光企业	销售经理	2016.3.17	30min	上海新国际博览中心	天津
F_{10}	国内半导体材料龙头企业	技术部主管	2016.3.17	45min	上海新国际博览中心	上海
F_{11}	国内规模领先的半导体硅材料企业	销售经理	2016.3.17	30min	上海新国际博览中心	洛阳
F_{12}	国内领先的IC封装设备企业	高级工程师、销售经理	2016.3.17	45min	上海新国际博览中心	北京
F_{13}	国内领先的芯片设计及解决方案供应商	企划主管	2017.10.25	45min	上海新国际博览中心	深圳
F_{14}	IC制造企业	销售经理	2017.10.25	30min	上海新国际博览中心	深圳

续表

序号	访谈机构	访谈对象	访谈时间	访谈时长	访谈地点	机构区位
F_{15}	微生物分析测试技术公司	总经理	2017.12.16	60min	杭州西湖科技园	杭州
R_1	国内领先的电子材料专业研究所	半导体材料事业部主管	2017.3.16	30min	上海新国际博览中心	天津
R_2	通信行业龙头企业研究所	技术研发项目主管	2017.12.9	50min	杭州高新区（滨江）	杭州
O_1	IC产业领域技术创新联盟	中心主任	2015.7.22	90min	联盟依托单位会议室	上海
O_2	下一代广播电视行业领域技术创新联盟	办公室主任、技术部副经理、技术主管	2015.8.4	90min	联盟依托单位会议室	上海
O_3	IC产业领域行业协会	会长	2016.1.14	90min	协会会议室	上海
O_4	某国半导体产业主流行业协会	副会长	2016.3.15	90min	上海新国际博览中心	美国硅谷
O_5	某国大规模集成电路（LSI）集群促进会	全球网络部部长	2016.3.16	45min	上海新国际博览中心	日本九州

二、集群创新网络演化驱动机制分析

中国电子信息产业集群创新网络演化受邻近性、网络内生性、主体异质性等机制的共同影响（图7-2）。三种机制的作用方式具体分析如下。

（1）邻近性是集群创新网络演化的重要驱动力，邻近性之间存在替代效应。

网络社会时代背景下，地理距离对创新合作的影响并未消除，而是通过强化隐性知识溢出，进而促进创新合作新关系的形成。实地调研资料也证实了地理邻近奠定了集群创新网络形成与演化的重要基础。

R_2（访谈对象序号）：尽管企业研发国际化倾向越来越显著，海外专利申请数量越来越多，通信和旅行技术也都发生了翻天覆地的变化，但是复杂知识的准确传递和精准解释是没那么容易的。比如团队目前开发的这个项目，技术水准很高，当然技术难度也很大，开发人员聚在一起，随时随地交流项目进展、共探技术难题，项目才能高效推进。

认知邻近能够显著提高知识溢出效率，尤其是有益于技能、技巧、诀窍等复杂知识的交流、吸收、转化，基于技术领域、技术水平的认知邻近是集群间创新合作的必要条件。

F_3：目前国际半导体封装测试技术接近金字塔制高点，加之地方政府对核心技术的严格监管和保护，想要通过自主研发来追赶、突破国外技术是很难的。企业主要采取两种途径来助推技术研发：一是通过收购来获取国外先进技术，2015年公司收购了一家位于新加坡的全球封装测试龙头企业；二是通过产学研合作来促进技术创新，比如同南通、天水等地的国内半导体封装测试知名企业交流合作，虽然和这些企业是竞争关系，但技术领域相似才能共同商讨技术难题的解决方案。

社会邻近能够增进互信、减少信息不对称、促进复杂性或敏感性知识交流，基于社会邻近的关系资本对集群创新网络演化具有促进作用。

F_{13}：企业入驻了中关村集成电路设计园，该园区集聚了诸如华为、联想、百度、北斗、甲骨文等行业龙头企业，专注于不同的技术领域和产业链环节。我们和园区里一些企业的研发人员建立了很好的私人关系，平时会交流一些比如技术流程怎么设计之类的技术层面问题。此次是园区开发商首创置业召集领先企业前来参展，社会资源对企业间创新合作起到了很好的促进作用。

F_9：作为一家和清华大学合资成立的企业，技术核心团队成员多是清华大学摩擦学国家重点实验室的毕业生，校友关系进一步推进了校企合作。

认知邻近和社会邻近在一定程度上能够弥补地理邻近的缺失，促使远距离创新合作关系的形成，推进集群创新网络演化。

F_1：虽然本地的产业链已经较为完善，但是由于与本地企业在技术匹配上有一定的困难，因而会选择与远距离企业，比如中国台湾的企业进行合作。

F_{10}：企业承担了两次国家科技重大专项"极大规模集成电路制造装备及成套工艺"，同长春、深圳、香港等地的企业和学研机构进行长期的科研项目开发、学术交流、人才培养合作，建立起了互动互信的项目合作开发关系。

（2）网络内生性因素显著影响集群创新网络演化。

网络根植性能够塑造知识循环，对集群创新网络演化具有积极影响；源于成本机制，网络地位则对集群创新网络演化具有消极影响。

F_{15}：企业技术研发是很注重合作创新的。在研发方面，和杭州电子科技大学的几位老师有长期的合作关系；在合作伙伴方面，与国内十余家企事业单位形成了稳定的合作；此外，企业重视参加展览会、技术交流会等，既推介了公司的新产品，也获取了最新资讯。但是，这些外部关系的维护是需要耗费大量的人力、物力、时间等成本的，并非多多益善。

（3）主体异质性影响集群创新网络演化。

主体创新能级是集群创新结网的重要影响因素，基于择优连接机制，创新能级高的主体能够促进集群创新合作新关系的形成；创新合作经验丰富、以开放式创新模式为主的创新主体，亦能够促进集群创新合作新关系的形成。

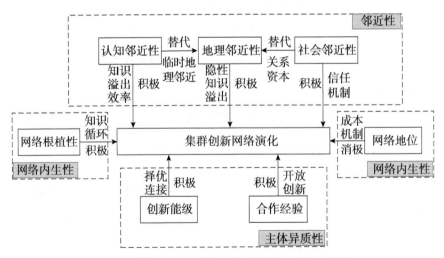

图7-2 中国电子信息产业集群创新网络演化机制

F_5：企业在选择创新合作伙伴的时候，更看重的是规模与能级，企业在发展初期，与天津的集成电路制造龙头企业的分部合作，目前创新合作地域范围有很大拓展，倾向于和大厂商合作，当然，同大企业合作是一个双向选择的过程。

第三节　本章小结

本章研究的重点在于回答中国电子信息产业集群创新网络的演化机制问题。首先，运用随机面向对象模型，综合分析邻近性、网络内生性、个体异质性等因素对集群创新网络演化的影响；其次，结合调研访谈案例，解析集群创新网络演化的驱动机制。得出如下研究结论。

第一，邻近性是集群创新网络演化的重要驱动力，邻近性之间存在替代效应。地理邻近、认知邻近、社会邻近对中国电子信息产业集群创新网络演化具有显著正向影响。地理邻近具有易于面对面交流、确保隐性知识共享的重要意义，是中国电子信息产业集群创新网络形成与演化的基础；相似的知识背景和技术结构能够提高知识交流与吸收的效率，企业更倾向于同具有较高认知邻近的主体合作；已有的合作经历能够增强双方互信，提高双方互动学习意愿，基于信任的持久社会关系能够促进共同研发协作，社会邻近有助于合作创新；地理邻近和认知邻近、地理邻近和社会邻近对集群创新网络演化的影响表现为替代效应，意味着认知邻近、地理邻近能够在一定程度上弥补地理邻近的缺失，促使创新合作跨越更远的地理距离。

第二，网络内生性因素、主体异质性显著影响集群创新网络演化。网络结构内生效应层面，根植性能够塑造知识循环，有利于从可靠的潜在合作伙伴处收集信息，减少不确定性和信息不对称，同时还能产生声誉锁定，降低机会主义行为，是集群创新网络演化的重要推动力；衡量网络地位的度中心度对集群创新网络演化具有显著负向影响，可见，成本机制在一定程度上限制了企业创新网络的构建。创新主体个体特征层面，主体创新能级是集群创新结网的重要影响因素，基于择优连接机制，创新能级高的主体能够促进集群创新合作新关系的形成；创新合作经验丰富、以开放式创新模式为主的创新主体，能够促进集群创新合作新关系的形成。

参考文献

［1］蔡勇志. 全球价值链下我国电子信息产业集群转型升级的思考［J］. 经济体制改革，2013（5）：124–127.

［2］陈弘挺. 我国光伏产业创新网络的演化及其动因研究［D］. 上海：华东师范大学，2017.

［3］陈金丹. 集群网络与集群间网络演化研究：以数字内容产业为例［M］. 南京：南京大学出版社，2019.

［4］陈劲，陈钰芬. 开放创新体系与企业技术创新资源配置［J］. 科研管理，2006，27（3）：1–8.

［5］陈伟，刘卫东，柯文前，等. 基于公路客流的中国城市网络结构与空间组织模式［J］. 地理学报，2017，72（2）：224–241.

［6］陈志刚，王青，黄贤金，等. 长三角城市群重心移动及其驱动因素研究［J］. 地理科学，2007，27（4）：457–462.

［7］程中海，冯梅. 基于动态复杂网络的世界棉花贸易时空分异特征与贸易格局分析［J］. 国际经贸探索，2017，33（10）：36–50.

［8］党兴华，弓志刚. 多维邻近性对跨区域技术创新合作的影响——基于中国共同专利数据的实证分析［J］. 科学学研究，2013，31（10）：1590–1600.

［9］傅瑶，孙玉涛，刘凤朝. 美国主要技术领域发展轨迹及生命周期研究——基于S曲线的分析［J］. 科学学研究，2013，31（2）：209–216，200.

［10］高菠阳，李俊玮，刘红光. 中国电子信息产业转移特征及驱动因

素——基于区域间投入产出表分析［J］.经济地理，2015，35（10）：103-109.

［11］高菠阳，李俊玮.全球电子信息产业贸易网络演化特征研究［J］.世界地理研究，2017，26（1）：1-11.

［12］高菠阳.中国重点工业行业空间变化特征［J］.经济地理，2012，32（3）：82-88，106.

［13］顾娜娜.长江经济带装备制造业产学研创新网络研究［D］.上海：华东师范大学，2015.

［14］顾伟男，刘慧，王亮.国外创新网络演化机制研究［J］.地理科学进展，2019，38（12）：1977-1990.

［15］贺灿飞，郭琪，马妍，等.西方经济地理学研究进展［J］.地理学报，2014，69（8）：1207-1223.

［16］贺灿飞.区域产业发展演化：路径依赖还是路径创造？［J］.地理研究，2018，37（7）：1253-1267.

［17］贺灿飞，金璐璐，刘颖.多维邻近性对中国出口产品空间演化的影响［J］.地理研究，2017，36（9）：1613-1626.

［18］贺灿飞，肖晓俊.跨国公司功能区位实证研究［J］.地理学报，2011，66（12）：1669-1681.

［19］洪兴建.基尼系数理论研究［M］.北京：经济科学出版社，2008.

［20］胡晓辉，杜德斌，龚利.长三角区域知识合作网络演化的空间特征［J］.地域研究与开发，2012，31（6）：22-27.

［21］胡绪华，徐骏杰.不同生命周期阶段我国电子信息产业区域技术创新网络演化比较分析［J］.科技进步与对策，2017，34（22）：25-34.

［22］孔翔，刘奇琦，常莹莹.邻近性视角下的高校与高新区合作创新研究［J］.江西师范大学学报（哲社版），2017，50（1）：105-112.

［23］李丹丹，汪涛，魏也华，等.中国城市尺度科学知识网络与技术知识网络结构的时空复杂性［J］.地理研究，2015，34（3）：525-540.

［24］李丹丹，汪涛，周辉.基于不同时空尺度的知识溢出网络结构特征

研究［J］. 地理科学，2013，33（10）：1180–1187.

［25］李二玲，李小建. 欠发达农区传统制造业集群的网络演化分析——以河南省虞城县南庄村钢卷尺产业集群为例［J］. 地理研究，2009，28（3）：738–750.

［26］李佳洺，张文忠，李业锦，等. 基于微观企业数据的产业空间集聚特征分析——以杭州市区为例［J］. 地理研究，2016，35（1）：95–107.

［27］李健，宁越敏，汪明峰. 计算机产业全球生产网络分析——兼论其在中国大陆的发展［J］. 地理学报，2008，63（4）：437–448.

［28］李琳，雒道政. 多维邻近性与创新：西方研究回顾与展望［J］. 经济地理，2013，33（6）：1–7，41.

［29］李琳，张宇. 地理邻近与认知邻近下企业战略联盟伙伴选择的影响机制——基于SIENA模型的实证研究［J］. 工业技术经济，2015（4）：27–35.

［30］李婷婷. 长江经济带汽车产业创新合作网络研究［D］. 上海：华东师范大学，2016.

［31］刘承良，管明明. 基于专利转移网络视角的长三角城市群城际技术流动的时空演化［J］. 地理研究，2018，37（5）：981–994.

［32］刘法建，张捷，章锦河，等. 中国入境旅游流网络省级旅游地角色研究［J］. 地理研究，2010，29（6）：1141–1152.

［33］刘航，伏霖，李涛，等. 基于中国实践的互联网与数字经济研究——首届互联网与数字经济论坛综述［J］. 经济研究，2019，54（3）：204–208.

［34］刘军. QAP：测量"关系"之间关系的一种方法［J］. 社会，2007，27（4）：164–174，209.

［35］刘军. 社会网络分析导论［M］. 北京：社会科学文献出版社，2004.

［36］刘晓燕，阮平南，李非凡. 基于专利的技术创新网络演化动力挖掘［J］. 中国科技论坛，2014（3）：136–141.

［37］刘志高，尹贻梅，孙静. 产业集群形成的演化经济地理学研究评

述［J］. 地理科学进展，2011，30（6）：652-657.

［38］刘志高，尹贻梅. 演化经济地理学：当代西方经济地理学发展的新方向［J］. 国外社会科学，2006（1）：34-39.

［39］卢明华，李国平. 全球电子信息产业价值链及对我国的启示［J］. 北京大学学报（哲社版），2004，41（4）：63-69.

［40］鲁若愚，周阳，丁奕文，等. 企业创新网络：溯源、演化与研究展望［J］. 管理世界，2021（1）：217-233，14.

［41］罗胤晨，谷人旭，王春萌. 经济地理学视角下西方产业集群研究的演进及其新动向［J］. 世界地理研究，2016，25（6）：96-108.

［42］吕国庆，曾刚，顾娜娜. 基于地理邻近与社会邻近的创新网络动态演化分析——以我国装备制造业为例［J］. 中国软科学，2014（5）：97-106.

［43］吕国庆，曾刚，顾娜娜. 经济地理学视角下区域创新网络的研究综述［J］. 经济地理，2014，34（2）：1-8.

［44］吕国庆，曾刚，马双，等. 产业集群创新网络的演化分析——以东营市石油装备制造业为例［J］. 科学学研究，2014，32（9）：1423-1430.

［45］马海涛，刘志高. 地方生产网络空间结构演化过程与机制研究——以潮汕纺织服装行业为例［J］. 地理科学，2012，32（3）：308-313.

［46］马海涛. 西方经济地理学关系范式与演化范式比较研究［J］. 地理科学进展，2012，31（4）：412-418.

［47］马海涛. 知识流动空间的城市关系建构与创新网络模拟［J］. 地理学报，2020，75（4）：708-721.

［48］毛睿奕，曾刚. 基于集体学习机制的创新网络模式研究——以浦东新区生物医药产业创新网络为例［J］. 经济地理，2010，30（9）：1478-1483.

［49］宓泽锋，曾刚. 创新松散型产业的创新网络特征及其对创新绩效的影响研究——以长江经济带物流产业为例［J］. 地理研究，2017，36（9）：1653-1666.

［50］宓泽锋，周灿，尚勇敏，等. 本地知识基础对新兴产业创新集群

形成的影响——以中国燃料电池产业为例［J］. 地理研究，2020，39（7）：1478-1489.

［51］苗长虹. 欧美经济地理学的三个发展方向［J］. 地理科学，2007，27（5）：617-623.

［52］苗长虹. 全球—地方联结与产业集群的技术学习——以河南许昌发制品产业为例［J］. 地理学报，2006，61（4）：425-434.

［53］彭英，姚恒璐，吴菲. 组织个体创新与合作网络演化机理研究——基于通信业专利数据分析［J］. 科技进步与对策，2015，32（6）：24-28.

［54］沈必扬，池仁勇. 企业创新网络：企业技术创新研究的一个新范式［J］. 科研管理，2005，26（3）：84-91.

［55］沈体雁，李志斌，凌英凯，等. 中国国家标准产业集群的识别与特征分析［J］. 经济地理，2021，41（9）：103-114.

［56］司月芳，曾刚，曹贤忠，等. 基于全球—地方视角的创新网络研究进展［J］. 地理科学进展，2016，35（5）：600-609.

［57］司月芳，陈思雨，LIEFNER I，等. 中资企业研发国际化研究——基于华为WIPO专利分析［J］. 地理研究，2016，35（10）：1869-1878.

［58］孙铁山，卢明华，李国平. 全国基准产业集群识别及在区域经济分析中的应用——以北京市为例［J］. 地理研究，2008，27（4）：873-884.

［59］谭劲松，何铮. 集群研究文献综述及发展趋势［J］. 管理世界，2007（12）：140-147.

［60］谭龙. 中国专利激增：区域差异、驱动因素与协调发展对策研究［D］. 北京：北京理工大学，2015.

［61］滕堂伟. 从地方集群到集群网络：产业集群研究的国际前沿进展［J］. 甘肃社会科学，2015（6）：171-175.

［62］滕堂伟，曾刚，等. 集群创新与高新区转型［M］. 北京：科学出版社，2009.

［63］童昕，王缉慈. 东莞PC相关制造业地方产业群的发展演变［J］. 地

理学报，2001，56（6）：722-729.

［64］童昕，王缉慈. 硅谷—新竹—东莞：透视信息技术产业的全球生产网络［J］. 科技导报，1999（9）：14-16.

［65］童昕，王缉慈. 论全球化背景下的本地创新网络［J］. 中国软科学，2000（9）：80-83.

［66］汪涛，HENNEMANN S，LIEFNER I，等. 知识网络空间结构演化及对 NIS 建设的启示——以我国生物技术知识为例［J］. 地理研究，2011，30（10）：1861-1872.

［67］王琛，林初昇，戴世续. 产业集群对技术创新的影响——以电子信息产业为例［J］. 地理研究，2012，31（8）：1375-1386.

［68］王缉慈，等. 超越集群：中国产业集群的理论探索［M］. 北京：科学出版社，2010.

［69］王缉慈，等. 创新的空间：产业集群与区域发展［M］. 修订版. 北京：科学出版社，2019.

［70］王缉慈. 创新集群三十年探索之旅［M］. 北京：科学出版社，2016.

［71］王缉慈. 地方产业群战略［J］. 中国工业经济，2002（3）：47-54.

［72］王黎萤，池仁勇. 专利合作网络研究前沿探析与展望［J］. 科学学研究，2015，33（1）：55-61，145.

［73］王翔宇，叶玉瑶，PHELPS N A. 贸易保护与知识产权影响下中国电子通信产业参与全球分工的时空演化［J］. 地理研究，2021，40（12）：3399-3419.

［74］魏江，徐蕾. 知识网络双重嵌入、知识整合与集群企业创新能力［J］. 管理科学学报，2014，17（2）：34-47.

［75］文嫱，曾刚. 全球价值链治理与地方产业网络升级研究——以上海浦东集成电路产业网络为例［J］. 中国工业经济，2005（7）：20-27.

［76］武前波，宁越敏. 中国城市空间网络分析——基于电子信息企业生产网络视角［J］. 地理研究，2012，31（2）：207-219.

［77］杨文龙，杜德斌，游小珺，等.世界跨国投资网络结构演化及复杂性研究［J］.地理科学，2017，37（9）：1300-1309.

［78］尹贻梅，刘志高，刘卫东.路径依赖理论及其地方经济发展隐喻［J］.地理研究，2012，31（5）：782-791.

［79］俞国军，贺灿飞，朱晟君.产业集群韧性：技术创新、关系治理与市场多元化［J］.地理研究，2020，39（6）：1343-1356.

［80］于珍.中国电子信息产业集群的类型及实证分析［J］.山东大学学报（哲学社会科学版），2010（4）：88-94.

［81］曾刚，胡森林.百年未有之大变局下中国区域发展格局演变［J］.经济地理，2021，41（10）：42-48，69.

［82］曾刚，文嫮.全球价值链视角下的瓷砖地方产业集群发展研究［J］.经济地理，2005，25（4）：467-470.

［83］张建华，张淑静.产业集群的识别标准研究［J］.中国软科学，2006（3）：83-90.

［84］张凯煌，千庆兰，陈清怡.多尺度视角下中国新能源汽车产业创新空间格局及网络特征［J］.地理科学进展，2021，40（11）：1824-1838.

［85］张伟峰，慕继丰，万威武.基于企业创新网络的技术路径创造［J］.科学学研究，2003，21（6）：657-661.

［86］张翼鸥，谷人旭.中国城市知识复杂性的空间特征及影响研究［J］.地理学报，2018，73（8）：1421-1432.

［87］张云伟.跨界产业集群之间合作网络研究——以上海张江与台湾新竹IC产业为例［M］.北京：经济科学出版社，2016.

［88］赵建吉，曾刚.创新的空间测度：数据与指标［J］.经济地理，2009，29（8）：1250-1255.

［89］赵莉晓.基于专利分析的RFID技术预测和专利战略研究——从技术生命周期角度［J］.科学学与科学技术管理，2012，33（11）：24-30.

［90］种照辉，覃成林."一带一路"贸易网络结构及其影响因素——基于

网络分析方法的研究 [J]. 国际经贸探索, 2017, 33 (5): 16-28.

[91] 周灿, 曾刚, 曹贤忠. 中国城市创新网络结构与创新能力研究 [J]. 地理研究, 2017, 36 (7): 1297-1308.

[92] 周灿, 曾刚, 宓泽锋, 等. 区域创新网络模式研究——以长三角城市群为例 [J]. 地理科学进展, 2017, 36 (7): 795-805.

[93] 周灿, 曾刚, 王丰龙, 等. 中国电子信息产业创新网络与创新绩效研究 [J]. 地理科学, 2017, 37 (5): 661-671.

[94] 朱华友, 王缉慈. 全球生产网络中企业去地方化的形式与机理研究 [J]. 地理科学, 2014, 34 (1): 19-24.

[95] 朱华友, 李娜, 庄远红, 等. 危机冲击下长三角地区电子信息产业集群韧性特征及其影响因素 [J]. 地理研究, 2021, 40 (12): 3420-3436.

[96] AGRAWAL A, COCKBURN I, MCHALE J. Gone but not forgotten: knowledge flows, labor mobility, and enduring social relationships [J]. Journal of Economic Geography, 2006, 6 (5): 571-591.

[97] AHOKANGAS P, HYRY M, RASANEN P. Small technology-based firms in a fast-growing regional cluster [J]. New England Journal of Entrepreneurship, 1999, 2 (1): 19-25.

[98] AHUJA G, POLIDORO F, MITCHELL W. Structural homophily or social asymmetry? The formation of alliances by poorly embedded firms [J]. Strategic Management Journal, 2009, 30 (9): 941-958.

[99] ARTHUR W B. Competing technologies, increasing returns, and lock-in by historical events [J]. The Economic Journal, 1989, 99 (394): 116-131.

[100] ASHEIM B T, ISAKSEN A. Regional innovation systems: the integration of local 'sticky' and global 'ubiquitous' knowledge [J]. The Journal of Technology Transfer, 2002, 27 (1): 77-86.

[101] ASHEIM B, COENEN L, VANG J. Face-to-face, buzz, and knowledge bases: sociospatial implications for learning, innovation, and innovation policy [J].

Environment and Planning C, 2007, 25 (5): 655–670.

[102] ASHEIM B, COENEN L. Knowledge bases and regional innovation systems: Comparing Nordic clusters [J]. Research Policy, 2005, 34 (8): 1173–1190.

[103] AYDALOT P, KEEBLE D. High Technology industry and innovative environments: the European Experience [M]. London: Routledge, 1988.

[104] BALLAND P A, BELSO‑MARTÍNEZ J A, MORRISON A. The dynamics of technical and business networks in industrial clusters: embeddedness, status or proximity? [J]. Economic Geography, 2016, 92 (1): 35–60.

[105] BALLAND P A, VAAN M D, BOSCHMA R A. The dynamics of interfirm networks along the industry life cycle: The case of the global video game industry, 1987–2007 [J]. Journal of Economic Geography, 2013, 13 (5): 741–765.

[106] BALLAND P A. Proximity and the evolution of collaboration networks: evidence from research and development projects within the global navigation satellite system (GNSS) industry [J]. Regional Studies, 2012, 46 (6): 741–756.

[107] BATHELT H, LI P F. Global cluster networks—foreign direct investment flows from Canada to China [J]. Journal of Economic Geography, 2014, 14 (1): 45–71.

[108] BATHELT H, MALMBERG A, MASKELL P. Clusters and knowledge: local buzz, global pipelines and the process of knowledge creation [J]. Progress in Human Geography, 2004, 28 (1): 31–56.

[109] BATHELT H, TAYLOR M. Clusters, power and place: inequality and local growth in time–space [J]. Geografiska Annaler, 2002, 84 (2): 93–109.

[110] BATHELT H, ZHAO J. Conceptualizing multiple clusters in mega–city regions: The case of the biomedical industry in Beijing [J]. Geoforum, 2016(75): 186–198.

[111] BECATTINI G. The Marshallian industrial district as a socio economic notion [A]. In: PYKE F, BECATTINI G, SENGENBERGER W. Industrial districts and

inter–Firm co–operation in Italy [C]. Geneva: International Institute for Labour Studies, 1990.

[112] BERGMAN E M. Embedding network analysis in spatial studies of innovation [J]. The Annals of Regional Science, 2009, 43（3）: 559–565.

[113] BERMAN A, MARINO A, MUDAMBI R. The global connectivity of regional innovation systems in Italy: a core – periphery perspective [J]. Regional Studies, 2020, 54（5）: 677–691.

[114] BOSCHMA R A, FRENKEN K. Why is economic geography not an evolutionary science? Towards an evolutionary economic geography [J]. Journal of Economic Geography, 2006, 6（3）: 273–302.

[115] BOSCHMA R A, MARTIN R. The handbook of evolutionary economic geography [M]. Cheltenham: Edward Elgar, 2010.

[116] BOSCHMA R A. Proximity and innovation: a critical assessment [J]. Regional Studies, 2005, 39（1）: 61–74.

[117] BRADSHAW M. Multiple proximities: culture and geography in the transport logistics of newsprint manufactured in Australia [J]. Environment and Planning A, 2001, 33（10）: 1717–1739.

[118] BRESCHI S, LISSONI F. Knowledge spillovers and local innovation systems: a critical survey [J]. Industrial and Corporate Change, 2001, 10（4）: 975–1005.

[119] BROEKEL T, BOSCHMA R A. Knowledge networks in the Dutch aviation industry: the proximity paradox [J]. Journal of Economic Geography, 2012, 12（2）: 409–433.

[120] BROEKEL T, HARTOG M. Explaining the structure of inter–organizational networks using exponential random graph models [J]. Industry and Innovation, 2013, 20（3）: 277–295.

[121] BUNNELL T G, COE N M. Spaces and scales of innovation [J]. Progress in Human Geography, 2001, 25（4）: 569–589.

[122] BUNT G G V D, GROENEWEGEN P. An actor-oriented dynamic network approach: the case of interorganizational network evolution [J]. Organizational Research Methods, 2007, 10 (3): 463-482.

[123] CAIRNCROSS F. The death of Distance 2.0: How the communications revolution will change our lives [M]. Florence: Texere Publishing, 2001.

[124] CALLOIS J M. The two sides of proximity in industrial clusters: the trade-off between process and product innovation [J]. Journal of Urban Economics, 2008, 63 (1): 146-162.

[125] CAPELLO R, FAGGIAN A. Collective learning and relational capital in local innovation processes [J]. Regional Studies, 2005, 39 (1): 75-87.

[126] CARAGLIU A, NIJKAMP P. Space and knowledge spillovers in European regions: the impact of different forms of proximity on spatial knowledge diffusion [J]. Journal of Economic Geography, 2016, 16 (3): 749-774.

[127] CASSI L, PLUNKET A. Research collaboration in co-inventor networks: combining closure, bridging and proximities [J]. Regional Studies, 2015, 49 (6): 936-954.

[128] CASSI L, MORRISON A TER WAL A L J. The evolution of trade and scientific collaboration networks in the global wine sector: a longitudinal study using network analysis [J]. Economic Geography, 2012, 88 (3): 311-334.

[129] CASTELLS M. The rise of the network society [M]. Oxford: Blackwell, 1996.

[130] CHAMINADE C, PLECHERO M. Do regions make a difference? Regional innovation systems and global innovation networks in the ICT industry [J]. European Planning Studies, 2015, 23 (2): 215-237.

[131] CHESBROUGH H W. Open innovation: The new imperative for creating and profiting from technology [M]. Boston: Harvard Business School Press, 2003.

[132] CHOU T L, CHING C H, FAN S M, et al. Global linkages, the Chinese

high-tech community and industrial cluster development: the semiconductor industry in Wuxi, Jingsu [J]. Urban Studies, 2011, 48 (14): 3019-3042.

[133] COE N M, DICKEN P, HESS M. Global production networks: realizing the potential [J]. Journal of Economic Geography, 2008, 8 (3): 271-295.

[134] COMBES P P. Economic structure and local growth: France, 1984-1993 [J]. Journal of Urban Economics, 2000, 47 (3): 329-355.

[135] COOKE P, ASHEIM B, BOSCHMA R A, et al. Handbook of regional innovation and growth [M]. Cheltenham: Edward Elgar, 2011.

[136] COOKE P, DELAURENTIS C, TÖDTLING F, et al. Regional knowledge economies: Markets, clusters and innovation [M]. Cheltenham: Edward Elgar, 2007.

[137] COOKE P, MORGAN K. The associational economy: Firms, regions, and innovation [M]. Oxford: Oxford University Press, 1999.

[138] COOKE P. Qualitative analysis and comparison of firm and system incumbents in the new ICT global innovation network [J]. European Planning Studies, 2013, 21 (9): 1323-1340.

[139] COOKE P. Regional innovation systems: general findings and some new evidence from biotechnology [J]. The Journal of Technology Transfer, 2002, 27 (2): 133-145.

[140] COOKE P. The new wave of regional innovation networks: analysis, characteristics and strategy [J]. Small Business Economics, 1996, 8 (2): 159-171.

[141] DAVID P A. Clio and the economics of QWERTY [J]. The American Economic Review, 1985, 75 (2): 332-337.

[142] DAVIDS M, FRENKEN K. Proximity, knowledge base and the innovation process: towards an integrated framework [J]. Regional Studies, 2018, 52 (1): 23-34.

[143] DELGADO M, PORTER M E, STERN S. Clusters and entrepreneurship

[J]. Journal of Economic Geography, 2010, 10 (4) : 495–518.

[144] DICKEN P, KELLY P F, OLDS K, et al. Chains and networks, territories and scales: towards a relational framework for analysing the global economy [J]. Global Networks, 2001, 1 (2) : 89–112.

[145] DOLOREUX D. Regional networks of small and medium sized enterprises: evidence from the metropolitan area of Ottawa in Canada [J]. European Planning Studies, 2004, 12 (2) : 173–189.

[146] DOREIAN P, BATAGELJ V, FERLIGOJ A. Generalized blockmodeling [M]. New York: Cambridge University Press, 2005.

[147] DURANTON G, PUGA D. Micro–foundations of urban agglomeration economies [J]. Handbook of Regional and Urban Economics, 2004 (4) : 2063–2117.

[148] EISENHARDT K M. Building theories from case study research [J]. The Academy of Management Review, 1989, 14 (4) : 532–550.

[149] ELDREDGE N, GOULD S J. Punctuated equilibria: an alternative to phyletic gradualism [A]. In: SCHOPF T J M. Models in paleobiology [C]. San Francisco: Freeman, Cooper and Company, 1972.

[150] ENGEL J S, DEL–PALACIO I. Global clusters of innovation: the case of Israel and Silicon Valley [J]. California Management Review, 2011, 53 (2) : 27–49.

[151] ENGEL J S, DEL–PALACIO I. Global networks of clusters of innovation: accelerating the innovation process [J]. Business Horizons, 2009, 52 (5) : 493–503.

[152] FIFAREK B J, VELOSO F M. Offshoring and the global geography of innovation [J]. Journal of Economic Geography, 2010, 10 (4) : 559–578.

[153] FREEMAN C. Networks of innovators: a synthesis of research issues [J]. Research Policy, 1991, 20 (5) : 499–514.

［154］GAO X, GUAN J, ROUSSEAU R. Mapping collaborative knowledge production in China using patent co-inventorships ［J］. Scientometrics, 2011, 88 （2）: 343-362.

［155］GARUD R, KARNØE P. Path dependence and creation ［M］. London: Lawrence Erlbaum, 2001.

［156］GAY B, DOUSSET B. Innovation and network structural dynamics: study of the alliance network of a major sector of the biotechnology industry ［J］. Research Policy, 2005, 34 （10）: 1457-1475.

［157］GIRVAN M, NEWMAN M E J. Community structure in social and biological networks ［J］. Proceedings of the National Academy of Sciences, 2002, 99 （12）: 7821-7826.

［158］GIULIANI E. The selective nature of knowledge networks in clusters: evidence from the wine industry ［J］. Journal of Economic Geography, 2007, 7 （2）: 139-168.

［159］GLÜCKLER J, DOREIAN P. Editorial: social network analysis and economic geography—positional, evolutionary and multi-level approaches ［J］. Journal of Economic Geography, 2016, 16 （6）: 1123-1134.

［160］GLÜCKLER J, PANITZ R. Relational upgrading in global value networks ［J］. Journal of Economic Geography, 2016, 16 （6）: 1161-1185.

［161］GLÜCKLER J. Economic geography and the evolution of networks ［J］. Journal of Economic Geography, 2007, 7 （5）: 619-634.

［162］GRABHER G. The weakness of strong ties: the lock-in of regional development in the Ruhe area ［A］. In: GRABHER G. The embedded firm: On the socioeconomics of industrial networks ［C］. London: Routledge, 1993.

［163］GRILICHES Z. Issues in assessing the contribution of research and development to productivity growth ［J］. The Bell Journal of Economics, 1979, 10 （1）: 92-116.

［164］HALL B H. ROSENBERG N. 创新经济学手册［M］. 上海：上海交通大学出版社, 2017.

［165］HALL P. Innovation, economics and evolution: theoretical perspectives on changing technology in economic systems［M］. London: Harvester Wheatsheaf, 1994.

［166］HARRISON B. Industrial districts: old wine in new bottles?［J］. Regional Studies, 1992, 26（5）: 469–483.

［167］HARRISON J, HOYLER M. Megaregions: globalization's new urban form［M］. Cheltenham: Edward Elgar, 2015.

［168］HOEKMAN J, FRENKEN K, OORT F V. The geography of collaborative knowledge production in Europe［J］. The Annals of Regional Science, 2008, 43（3）: 721–738.

［169］HOEKMAN J, FRENKEN K, TIJSSEN R J W. Research collaboration at a distance: changing spatial patterns of scientific collaboration within Europe［J］. Research Policy, 2010, 39（5）: 662–673.

［170］HUBER F. Do clusters really matter for innovation practices in information technology? Questioning the significance of technological knowledge spillovers［J］. Journal of Economic Geography, 2012, 12（1）: 107–126.

［171］HUGGINS R, PROKOP D. Network structure and regional innovation: a study of university–industry ties［J］. Urban Studies, 2017, 54（4）: 931–952.

［172］HUGGINS R, THOMPSON P. A network–based view of regional growth［J］. Journal of Economic Geography, 2014, 14（3）: 511–545.

［173］HUGGINS R. Forms of network resource: knowledge access and the role of inter–firm networks［J］. International Journal of Management Reviews, 2010, 12（3）: 335–352.

［174］HUMPHREY J, SCHMITZ H. How does insertion in global value chains affect upgrading in industrial clusters?［J］. Regional Studies, 2002, 36（9）: 1017–

1027.

［175］IBRAHIM S E, FALLAH M H, REILLY R R. Localized sources of knowledge and the effect of knowledge spillovers: an empirical study of inventors in the telecommunications industry［J］. Journal of Economic Geography, 2009, 9（3）: 405–431.

［176］INKPEN A C, TSANG E W K. Social capital, networks, and knowledge transfer［J］. The Academy of Management Review, 2005, 30（1）: 146–165.

［177］JAFFE A B, TRAJTENBERG M. International knowledge flows: evidence from patent citations［J］. Economics of Innovation and New Technology, 1998, 8（1/2）: 105–136.

［178］JOHNSON D K N. The OECD Technology Concordance（OTC）: patents by industry of manufacture and sector of use［R］. OECD Publishing, 2002.

［179］KESIDOU E, CANIËLS M C J, ROMIJN H A. Local knowledge spillovers and development: an exploration of the software cluster in Uruguay［J］. Industry and Innovation, 2009, 16（2）: 247–272.

［180］KORTUM S, PUTNAM J. Assigning patents to industries: tests of the Yale Technology Concordance［J］. Economic Systems Research, 1997, 9（2）: 161–176.

［181］LANCICHINETTI A, FORTUNATO S. Community detection algorithms: A comparative analysis［J］. Physical Review E, 2009, 80（5）: 056117-1–056117-11.

［182］LARSON A, STARR J A. A network model of organization formation［J］. Entrepreneurship Theory and Practice, 1993, 17（2）: 5–15.

［183］LAWSON C, LORENZ E. Collective learning, tacit knowledge and regional innovative capacity［J］. Regional Studies, 1999, 33（4）: 305–317.

［184］LI D, HEIMERIKS G, ALKEMADE F. Recombinant invention in solar photovoltaic technology: can geographical proximity bridge technological distance? [J]. Regional Studies, 2021, 55 (4) : 605–616.

[185] LI P F, BATHELT H, WANG J. Network dynamics and cluster evolution: changing trajectories of the aluminium extrusion industry in Dali, China [J]. Journal of Economic Geography, 2012, 12 (1) : 127–155.

[186] LI P F. Global temporary networks of clusters: structures and dynamics of trade fairs in Asian economies [J]. Journal of Economic Geography, 2014, 14 (5) : 995–1021.

[187] LI Y, PHELPS N A. Knowledge polycentricity and the evolving Yangtze River Delta megalopolis [J]. Regional Studies, 2017, 51 (7) : 1035–1047.

[188] LIEFNER I, HENNEMANN S. Structural holes and new dimensions of distance: the spatial configuration of the scientific knowledge network of China's optical technology sector [J]. Environment and Planning A, 2011, 43 (3) : 810–829.

[189]LIU C Y, YANG J C. Decoding patent information using patent maps [J]. Data Science Journal, 2008 (7) : 14–22.

[190] LIU W, DICKEN P, YEUNG H W C. New information and communication technologies and local clustering of firms: a case study of the Xingwang Industrial Park in Beijing [J]. Urban Geography, 2004, 25 (4) : 390–407.

[191] LORENZEN M, MUDAMBI R. Clusters, connectivity and catch-up: Bollywood and Bangalore in the global economy [J]. Journal of Economic Geography, 2013, 13 (3) : 501–534.

[192] LU R, RUAN M, REVE T. Cluster and co–located cluster effects: an empirical study of six Chinese city regions [J]. Research Policy, 2016, 45 (10) : 1984–1995.

[193] MAHUTGA M C. The persistence of structural inequality? A network analysis of international trade, 1965–2000 [J]. Social Forces, 2006, 84 (4) :

1863–1889.

［194］MALMBERG A, MASKELL P. Localized learning revisited ［J］. Growth and Change, 2009, 37（1）: 1–18.

［195］MALMBERG A. Beyond the cluster——local milieus and global connections ［A］. In: PECK J, YEUNG H. Remaking the global economy: Economic–Geographical perspectives ［C］. London: Sage Publications, 2003.

［196］MARKUSEN A. Sticky places in slippery space: a typology of industrial districts ［J］. Economic Geography, 1996, 72（3）: 293–313.

［197］MARSHALL A. Principles of economics, 8th edition ［M］. London: Macmillan, 1920.

［198］MARTIN R, MOODYSSON J. Innovation in symbolic industries: the geography and organization of knowledge sourcing ［J］. European Planning Studies, 2011, 19（7）: 1183–1203.

［199］MARTIN R, SUNLEY P. Path dependence and regional economic evolution ［J］. Journal of Economic Geography, 2006, 6（6）: 395–437.

［200］MARTIN R. Differentiated knowledge bases and the nature of innovation networks ［J］. European Planning Studies, 2013, 21（9）: 1418–1436.

［201］MARTIN R. Rethinking regional path dependence: beyond lock–in to evolution ［J］. Economic Geography, 2010, 86（1）: 1–27.

［202］MASKELL P, BATHELT H, MALMBERG A. Building global knowledge pipelines: the role of temporary clusters ［J］. European Planning Studies, 2006, 14（8）: 997–1013.

［203］MASKELL P. Localized learning and industrial competitiveness ［J］. Cambridge Journal of Economics, 1995, 23（2）: 167–185.

［204］MASKELL P. Towards a knowledge–based theory of the geographical cluster ［J］. Industrial and Corporate Change, 2001, 10（4）: 921–943.

［205］MCKELVEY M, ALM H, RICCABONI M. Does co–location matter for formal knowledge collaboration in the Swedish biotechnology–pharmaceutical sector? [J]. Research Policy, 2003, 32（3）: 483–501.

［206］MENZEL M P, FORNAHL D. Cluster life cycles—dimensions and rationales of cluster evolution [J]. Industrial and Corporate Change, 2010, 19（1）: 205–238.

［207］MIGUELEZ E, MORENO R. Relatedness, external linkages and regional innovation in Europe [J]. Regional Studies, 2018, 52（5）: 688–701.

［208］MORGAN K. The exaggerated death of geography: learning, proximity and territorial innovation systems [J]. Journal of economic geography, 2004, 4（1）: 3–21.

［209］MORRISON A, RABELLOTTI R, ZIRULIA L. When do global pipelines enhance the diffusion of knowledge in clusters? [J]. Economic Geography, 2013, 89（1）: 77–96.

［210］MORRISON A, RABELLOTTI R. Knowledge and information networks in an Italian wine cluster [J]. European Planning Studies, 2009, 17（7）: 983–1006.

［211］MORRISON A. Gatekeepers of knowledge within industrial districts: who they are, how they interact [J]. Regional Studies, 2008, 42（6）: 817–835.

［212］MUKIM M. Co–agglomeration of formal and informal industry: evidence from India [J]. Journal of Economic Geography, 2015, 15（2）: 329–351.

［213］NEMETH R J, SMITH D A. International trade and world–system structure: a multiple network analysis [J]. Review, 1985, 8（4）: 517–560.

［214］NOMALER Ö, VERSPAGEN B. River deep, mountain high: of long run knowledge trajectories within and between innovation clusters [J]. Journal of Economic Geography, 2016, 16（6）: 1259–1278.

［215］NOOTEBOOM B, HAVERBEKE W V, DUYSTERS G, et al. Optimal cognitive distance and absorptive capacity [J]. Research Policy, 2007, 36（7）:

1016–1034.

［216］NOOY W D, MRVAR A, BATAGELJ V. Exploratory social network analysis with Pajek, 2nd edition ［M］. Cambridge: Cambridge University Press, 2011.

［217］NORTH D C. Institutions, institutional change, and economic performance ［M］. Cambridge: Cambridge University Press, 1990.

［218］OECD. OECD digital economy outlook 2017 ［R］. Paris: OECD Publishing, 2017.

［219］OWEN–SMITH J, POWELL W W. Knowledge networks as channels and conduits: the effects of spillovers in the Boston biotechnology community ［J］. Organization Science, 2004, 15（1）: 5–21.

［220］PATEL P C, TERJESEN S. Complementary effects of network range and tie strength in enhancing transnational venture performance ［J］. Strategic Entrepreneurship Journal, 2011, 5（1）: 58–80.

［221］PEARSON K. On the criterion that a given system of deviations from the probable in the case of a correlated system of variables is such that it can be reasonably supposed to have arisen from random sampling ［J］. Philosophical Magazine, 1900, 50（302）: 157–175.

［222］PHAM X T. Five principles of path creation ［J］. Oeconomicus, 2007,8（1）: 5–17.

［223］PIORE M J, SABEL C F. The second industrial divide: possibilities for prosperity ［M］. New York: Basic Books, 1984.

［224］PORTER M E. Clusters and the new economics of competition ［J］. Harvard Business Review, 1998, 76（6）: 77–90.

［225］PORTER M. The competitive advantage of nation ［M］. New York: Free Press, 1990.

［226］POWELL W W, WHITE D R, KOPUT K W, et al. Network dynamics and field evolution: the growth of interorganizational collaboration in the life sciences ［J］.

American Journal of Sociology, 2005, 110（4）: 1132-1205.

［227］PYKE F, BECATTINI G, SENGENBERGER W. Industrial districts and inter-firm co-operation in Italy［M］. Geneva: International Institute for Labour Studies, 1990.

［228］RATANAWARAHA A, POLENSKE K R. Measuring the geography of innovation: a literature review［A］. In: POLENSKE K R. The economic geography of innovation［M］. Cambridge: Cambridge University Press, 2007.

［229］RIVERA M T, SODERSTROM S B, UZZI B. Dynamics of dyads in social networks: assortative, relational, and proximity mechanisms［J］. Annual Review of Sociology, 2010（36）: 91-115.

［230］ROE M J. Chaos and evolution in law and economics［J］. Harvard Law Review, 1996, 109（3）: 641-668.

［231］ROTHWELL R. Successful industrial innovation: critical factors for the 1990s［J］. R&D Management, 1992, 22（3）: 221-240.

［232］RYCROFT R W, KASH D E. The complexity challenge: technological innovation for the 21st Century［M］. New York: Cassell Academic Publishers, 1999.

［233］SAXENIAN A L. Regional advantage: culture and competition in Silicon Valley and Route 128［M］. Cambridge: Harvard University Press, 1994.

［234］SAXENIAN A, HSU J. The Silicon Valley - Hsinchu connection: technical communities and industrial upgrading［J］. Industrial and Corporate Change, 2001, 10（4）: 893-920.

［235］SAXENIAN A. Brain circulation and regional innovation: the Silicon Valley-Hsinchu-Shanghai triangle［A］. In: POLENSKE K R. The economic geography of innovation［M］. Cambridge: Cambridge University Press, 2007.

［236］SCHAMP E W, RENTMEISTER B, VIVIEN L O. Dimensions of proximity in knowledge-based networks: the cases of investment banking and automobile design［J］. European Planning Studies, 2004, 12（5）: 607-624.

［237］SCHIENSTOCK G. Path dependency and path creation: continuity vs. fundamental change in national economies［J］. Journal of Futures Studies, 2011, 15 (4): 63–75.

［238］SCOTT A J. New industrial spaces: flexible production organization and regional development in North America and Western Europe［M］. London: Pion, 1988.

［239］SCOTT J. Social network analysis: a handbook［M］. Los Angeles: Sage Publications, 2000.

［240］SINGH J. Collaborative networks as determinants of knowledge diffusion patterns［J］. Management Science, 2005, 51 (5): 756–770.

［241］SNIJDERS T A B, BUNT G G, STEGLICH C EG. Introduction to stochastic actor–based models for network dynamics［J］. Social Networks, 2010, 32 (1): 44–60.

［242］STERNBERG R, LITZENBERGER T. Regional clusters in Germany: their geography and their relevance for entrepreneurial activities［J］. European Planning Studies, 2004, 12 (6): 767–791.

［243］STORPER M, VENABLES A J. Buzz: face–to–face contact and the urban economy［J］. Journal of Economic Geography, 2004, 4 (4): 351–370.

［244］STORPER M. The regional world: territorial development in a global economy［M］. New York: Guilford Press, 1997.

［245］SWANN P G M. Towards a model of clustering in high–technology industries［A］. In: SWANN P G M, PREVEZER M, STOUT D. The dynamics of industrial clustering: international comparisons in computing and biotechnology［M］. Oxford: Oxford University Press, 1998.

［246］TEIRLINCK P, SPITHOVEN A. The spatial organization of innovation: open innovation, external knowledge relations and urban structure［J］. Regional Studies, 2008, 42 (5): 689–704.

[247] TER WAL A L J, BOSCHMA R A. Applying social network analysis in economic geography: framing some key analytic issues [J]. The Annals of Regional Science, 2009（43）: 739–756.

[248] TER WAL A L J, BOSCHMA R A. Co–evolution of firms, industries and networks in space [J]. Regional Studies, 2011, 45（7）: 919–933.

[249] TER WAL A L J. Cluster emergence and network evolution: a longitudinal analysis of the inventor network in Sophia–Antipolis [J]. Regional Studies, 2013, 47（5）: 651–668.

[250] TER WAL A L J. The dynamics of the inventor network in German biotechnology: geographic proximity versus triadic closure [J]. Journal of Economic Geography, 2014, 14（3）: 589–620.

[251] TORRE A, RALLET A. Proximity and localization [J]. Regional Studies, 2005, 39（1）: 47–59.

[252] TRIPPL M, TÖDTLING F, LENGAUER L. Knowledge sourcing beyond buzz and pipelines: evidence from the Vienna software sector [J]. Economic Geography, 2009, 85（4）: 443–462.

[253] TURKINA E, ASSCHE A V, KALI R. Structure and evolution of global cluster networks: evidence from the aerospace industry [J]. Journal of Economic Geography, 2016, 16（6）: 1211–1234.

[254] VARGA A, PONTIKAKIS D, CHORAFAKIS G. Metropolitan edison and cosmopolitan pasteur? Agglomeration and interregional research network effects on European R&D productivity [J]. Journal of Economic Geography, 2014, 14（2）: 229–263.

[255] VIITAMO E. Cluster analysis and the forest sector — Where are we now? [R]. Laxenburg: International Institute for Applied Systems Analysis, 2001.

[256] WALLERSTEIN I. The rise and future demise of the world capitalist system: concepts for comparative analysis [J]. Comparative Studies in Society and

History, 1974, 16（4）: 387–415.

［257］WANG C C, LIN G C S, LI G. Industrial clustering and technological innovation in China: new evidence from the ICT industry in Shenzhen［J］. Environment and Planning A, 2010, 42（8）: 1987–2010.

［258］WASSERMAN S, FAUST K. Social network analysis: methods and applications［M］. Cambridge: Cambridge University Press, 1994.

［259］WATTS D J, STROGATZ S H. Collective dynamics of 'small–world' networks［J］. Nature, 1998（393）: 440–442.

［260］WOLFE D A, GERTLER M S. Clusters from the inside and out: local dynamics and global linkages［J］. Urban Studies, 2004, 41（5–6）: 1071–1093.

［261］YEUNG H W C. Critical reviews of geographical perspectives on business organizations and the organization of production: towards a network approach［J］. Progress in Human Geography, 1994, 18（4）: 460–490.

［262］ZHANG G, GUAN J, LIU X. The impact of small world on patent productivity in China［J］. Scientometrics, 2014（98）: 945–960.

［263］ZHONG C, ARISONA S M, HUANG X, et al. Detecting the dynamics of urban structure through spatial network analysis［J］. International Journal of Geographical Information Science, 2014, 28（11）: 2178–2199.

附录：IPC 分类号与技术领域对照表

行业	技术领域	IPC 分类号
电气工程	电气机械、装置、能量	F21H%、F21K%、F21L%、F21S%、F21V%、F21W%、F21Y%、H01B%、H01C%、H01F%、H01G%、H01H%、H01J%、H01K%、H01M%、H01R%、H01T%、H02B%、H02G%、H02H%、H02J%、H02K%、H02M%、H02N%、H02P%、H02S%、H05B%、H05C%、H05F%、H99Z%
	视听技术	G09F%、G09G%、G11B%、H04N3%、H04N5%、H04N7%、H04N9%、H04N11%、H04N13%、H04N15%、H04N17%、H04N19%、H04N101%、H04R%、H04S%、H05K%
	电信	G08C%、H01P%、H01Q%、H04B%、H04H%、H04J%、H04K%、H04M%、H04N1%、H04Q%
	数字通信	H04L%、H04N21%、H04W%
	基本通信程序	H03B%、H03C%、H03D%、H03F%、H03G%、H03H%、H03J%、H03K%、H03L%、H03M%
	计算机技术	G06C%、G06D%、G06E%、G06F%、G06G%、G06J%、G06K%、G06M%、G06N%、G06T%、G10L%、G11C%
	信息技术管理	G06Q%
	半导体	H01L%
仪器	光学	G02B%、G02C%、G02F%、G03B%、G03C%、G03D%、G03F%、G03G%、G03H%、H01S%
	测量	G01B%、G01C%、G01D%、G01F%、G01G%、G01H%、G01J%、G01K%、G01L%、G01M%、G01N1%、G01N3%、G01N5%、G01N7%、G01N9%、G01N11%、G01N13%、G01N15%、G01N17%、G01N19%、G01N21%、G01N22%、G01N23%、G01N24%、G01N25%、G01N27%、G01N29%、G01N30%、G01N31%、G01N35%、G01N37%、G01P%、G01Q%、G01R%、G01S%、G01V%、G01W%、G04B%、G04C%、G04D%、G04F%、G04G%、G04R%、G12B%、G99Z%
	生物材料分析	G01N33%

行业	技术领域	IPC 分类号
仪器	控制	G05B%、G05D%、G05F%、G07B%、G07C%、G07D%、G07F%、G07G%、G08B%、G08G%、G09B%、G09C%、G09D%
	医学技术	A61B%、A61C%、A61D%、A61F%、A61G%、A61H%、A61J%、A61L%、A61M%、A61N%、H05G%
化学	有机精细化学	A61K8%、A61Q%、C07B%、C07C%、C07D%、C07F%、C07H%、C07J%、C40B%
	生物技术	C07G%、C07K%、C12M%、C12N%、C12P%、C12Q%、C12R%、C12S%
	药物	A61K6%、A61K9%、A61K31%、A61K33%、A61K35%、A61K36%、A61K38%、A61K39%、A61K41%、A61K45%、A61K47%、A61K48%、A61K49%、A61K50%、A61K51%、A61K101%、A61K103%、A61K125%、A61K127%、A61K129%、A61K131%、A61K133%、A61K135%、A61P%
	高分子化合物	C08B%、C08C%、C08F%、C08G%、C08H%、C08K%、C08L%
	食品化学	A01H%、A21D%、A23B%、A23C%、A23D%、A23F%、A23G%、A23J%、A23K%、A23L%、C12C%、C12F%、C12G%、C12H%、C12J%、C13B10%、C13B20%、C13B30%、C13B35%、C13B40%、C13B50%、C13B99%、C13D%、C13F%、C13J%、C13K%
	基础材料化学	A01N%、A01P%、C05B%、C05C%、C05D%、C05F%、C05G%、C06B%、C06C%、C06D%、C06F%、C09B%、C09C%、C09D%、C09F%、C09G%、C09H%、C09J%、C09K%、C10B%、C10C%、C10F%、C10G%、C10H%、C10J%、C10K%、C10L%、C10M%、C10N%、C11B%、C11C%、C11D%、C99Z%
	材料、冶金	B22C%、B22D%、B22F%、C01B%、C01C%、C01D%、C01F%、C01G%、C03C%、C04B%、C21B%、C21C%、C21D%、C22B%、C22C%、C22F%
	表面技术、涂层	B05C%、B05D%、B32B%、C23C%、C23D%、C23F%、C23G%、C25B%、C25C%、C25D%、C25F%、C30B%
	微观结构和纳米技术	B81B%、B81C%、B82B%、B82Y%

续表

行业	技术领域	IPC 分类号
化学	化学工程	B01B%、B01D1%、B01D3%、B01D5%、B01D7%、B01D8%、B01D9%、B01D11%、B01D12%、B01D15%、B01D17%、B01D19%、B01D21%、B01D24%、B01D25%、B01D27%、B01D29%、B01D33%、B01D35%、B01D36%、B01D37%、B01D39%、B01D41%、B01D43%、B01D57%、B01D59%、B01D61%、B01D63%、B01D65%、B01D67%、B01D69%、B01D71%、B01F%、B01J%、B01L%、B02C%、B03B%、B03C%、B03D%、B04B%、B04C%、B05B%、B06B%、B07B%、B07C%、B08B%、C14C%、D06B%、D06C%、D06L%、F25J%、F26B%、H05H%
	环境技术	A62C%、B01D45%、B01D46%、B01D47%、B01D49%、B01D50%、B01D51%、B01D52%、B01D53%、B09B%、B09C%、B65F%、C02F%、E01F8%、F01N%、F23G%、F23J%、G01T%
机械工程	装卸	B25J%、B65B%、B65C%、B65D%、B65G%、B65H%、B66B%、B66C%、B66D%、B66F%、B67B%、B67C%、B67D%
	机械工具	A62D%、B21B%、B21C%、B21D%、B21F%、B21G%、B21H%、B21J%、B21K%、B21L%、B23B%、B23C%、B23D%、B23F%、B23G%、B23H%、B23K%、B23P%、B23Q%、B24B%、B24C%、B24D%、B25B%、B25C%、B25D%、B25F%、B25G%、B25H%、B26B%、B26D%、B26F%、B27B%、B27C%、B27D%、B27F%、B27G%、B27H%、B27J%、B27K%、B27L%、B27M%、B27N%、B30B%
	发动机、泵、涡轮机	F01B%、F01C%、F01D%、F01K%、F01L%、F01M%、F01P%、F02B%、F02C%、F02D%、F02F%、F02G%、F02K%、F02M%、F02N%、F02P%、F03B%、F03C%、F03D%、F03G%、F03H%、F04B%、F04C%、F04D%、F04F%、F23R%、F99Z%、G21B%、G21C%、G21D%、G21F%、G21G%、G21H%、G21J%、G21K%
	纺织和造纸机械	A41H%、A43D%、A46D%、B31B%、B31C%、B31D%、B31F%、B41B%、B41C%、B41D%、B41F%、B41G%、B41J%、B41K%、B41L%、B41M%、B41N%、C14B%、D01B%、D01C%、D01D%、D01F%、D01G%、D01H%、D02G%、D02H%、D02J%、D03C%、D03D%、D03J%、D04B%、D04C%、D04G%、D04H%、D05B%、D05C%、D06G%、D06H%、D06J%、D06M%、D06P%、D06Q%、D21B%、D21C%、D21D%、D21F%、D21G%、D21H%、D21J%、D99Z%

续表

行业	技术领域	IPC 分类号
机械工程	其他特殊机械	A01B%、A01C%、A01D%、A01F%、A01G%、A01J%、A01K%、A01L%、A01M%、A21B%、A21C%、A22B%、A22C%、A23N%、A23P%、B02B%、B28B%、B28C%、B28D%、B29B%、B29C%、B29D%、B29K%、B29L%、B33Y%、B99Z%、C03B%、C08J%、C12L%、C13B5%、C13B15%、C13B25%、C13B45%、C13C%、C13G%、C13H%、F41A%、F41B%、F41C%、F41F%、F41G%、F41H%、F41J%、F42B%、F42C%、F42D%
	热工艺和设备	F22B%、F22D%、F22G%、F23B%、F23C%、F23D%、F23H%、F23K%、F23L%、F23M%、F23N%、F23Q%、F24B%、F24C%、F24D%、F24F%、F24H%、F24J%、F25B%、F25C%、F27B%、F27D%、F28B%、F28C%、F28D%、F28F%、F28G%
	机械零件	F15B%、F15C%、F15D%、F16B%、F16C%、F16D%、F16F%、F16G%、F16H%、F16J%、F16K%、F16L%、F16M%、F16N%、F16P%、F16S%、F16T%、F17B%、F17C%、F17D%、G05G%
	运输	B60B%、B60C%、B60D%、B60F%、B60G%、B60H%、B60J%、B60K%、B60L%、B60M%、B60N%、B60P%、B60Q%、B60R%、B60S%、B60T%、B60V%、B60W%、B61B%、B61C%、B61D%、B61F%、B61G%、B61H%、B61J%、B61K%、B61L%、B62B%、B62C%、B62D%、B62H%、B62J%、B62K%、B62L%、B62M%、B63B%、B63C%、B63G%、B63H%、B63J%、B64B%、B64C%、B64D%、B64F%、B64G%
其他	家具、游戏	A47B%、A47C%、A47D%、A47F%、A47G%、A47H%、A47J%、A47K%、A47L%、A63B%、A63C%、A63D%、A63F%、A63G%、A63H%、A63J%、A63K%
	其他消费品	A24B%、A24C%、A24D%、A24F%、A41B%、A41C%、A41D%、A41F%、A41G%、A42B%、A42C%、A43B%、A43C%、A44B%、A44C%、A45B%、A45C%、A45D%、A45F%、A46B%、A62B%、A99Z%、B42B%、B42C%、B42D%、B42F%、B43K%、B43L%、B43M%、B44B%、B44C%、B44D%、B44F%、B68B%、B68C%、B68F%、B68G%、D04D%、D06F%、D06N%、D07B%、F25D%、G10B%、G10C%、G10D%、G10F%、G10G%、G10H%、G10K%

行业	技术领域	IPC 分类号
其他	土木工程	E01B%、E01C%、E01D%、E01F1%、E01F3%、E01F5%、E01F7%、E01F9%、E01F11%、E01F13%、E01F15%、E01H%、E02B%、E02C%、E02D%、E02F%、E03B%、E03C%、E03D%、E03F%、E04B%、E04C%、E04D%、E04F%、E04G%、E04H%、E05B%、E05C%、E05D%、E05F%、E05G%、E06B%、E06C%、E21B%、E21C%、E21D%、E21F%、E99Z%

注：%代表任意字符。